柳家三三

# 前略、高座から——。

三栄

目次

カバー装画・本文イラスト◎根本 孝
写真◎橘 蓮二

『男の隠れ家』（発行・発売／三栄 編集／プラネットライツ）にて、2015年1月号より2020年11月号まで掲載された
柳家三三連載「前略、高座から――。」を単行本化にあたり、一部改定・加筆したものです。

# 「みんなの人気者〝まっさん〟のお話」

今月から連載を仰せつかりました柳家三三と申します。われわれ噺家というのはまことに身軽な稼業。着物の包みを鞄に詰めて日本中、お声のかかった街へうかがいます。

二〇一四年、独演会のために宮崎市へ行った折です。先輩の噺家に教わったうどん屋さんで昼食となりました。長嶋茂雄さんも現役時代からごひいきというお店は時分どきでにぎわっています。席に着くと、入れ替わるように奥にいた数人の男性客が席を立ち、私の脇を通り抜けて出てゆきました。その中のひとりに〝ポンポン〟と肩を叩かれたのでふと見ると――さだまさしさん！

以前何度かお目にかかったことはありますが、まさか宮崎で。しかも、さださんが気付いて下さるとは。自慢じゃありませんが、私は落語会の楽屋に入ろうとしても「関係者以外のかたは…」と言われるくらいオーラのなさは抜きん出ています。さださんも仕事でいらしていたそうで。

びっくりでしょ……で終わらないのが世の中です。この様子を見たとなりのテーブルの五十代とおぼしき男性が、茫然と店外と私を見比べ、会社の部下らしき連れの若い女性に、抑えつつ興奮かくしきれぬ声で「さだまさしだ！」と言いました。ところが彼女はそっけなく「知りません」とひと言。あとは「ズルル」とうどんをすすっています。「知らん？〝まっさん〟だぞ」

……おい、おじさん、正式名称を知らない者に愛称が通じるかい！

私が思わず心の中でそうツッコむと、女性が間髪入れずに「知りません」とひと言。「そんな…、おい、ズルルじゃないよ。じゃあ歌は知ってるだろ？　まっさんの歌を聴いたことのない日本人はおらん！」

そいつはもはや暴論です。

「ほら、あれだ…、ええと…」。平常心を失った彼の唇は、とっさに曲名が出ず震え、隣で聞き耳を立てている私まで力が入ります。そして「関白宣言」とか「雨やどり」とかあるだろうよと、助け舟を出そうかと思ったその時。

あ〜あ〜あああああ〜あ♪

彼は「北の国から」を歌い出したのです。昼時の混み合う店内で、箸にうどんをひっかけたまま「あ〜」と「ん〜」を熱唱する中年男…。向かいの女性もさすがに目が点です。

歌い終えた（しかもたっぷりワンコーラス）男性が、「どうだ？」と上気した顔で尋ねると、彼女は冷静に「知りません、ズルル」。

あまりの温度差に男性は椅子から崩れ落ちんばかりに脱力し、あとは二人とも黙々とうどんをすすって店を出ていきました。

語らずとも通じることのあるのが人の想い。しかし、いくら言葉を重ねても届かないことがあるのもまた想いです。これを肝に銘じ、拙いながらペンを執ってまいります。来月以降もよろしくおつきあいのほど、お願い申し上げます。

# 「初笑い、新春寄席のウラ側で」

日本中さまざまな場所でおしゃべりをする噺家のホームグラウンドが「寄席《よせ》」。年間通じてほぼ無休なので〝定席《じょうせき》〟とも呼ばれます。二〇一五年現在、都内では上野、新宿、浅草、池袋の四軒、大阪でも一軒が営業しています。

毎日やっていると常に満席とはいかない……というより、そういう日は意外と少ないんです。私は修行中の前座時代、高座に上がったらお客さまがひとりしかいなかったという経験が何度もあります。噺家とお客が一対一、落語だか面接だかわかりゃしません。

そんな寄席が一番のにぎわいをみせるのがお正月。例年、元旦から立ち見の出る盛況です。「新年は寄席で初笑い」という気持ちが大勢のかたの心に今でも色濃くあることを感じてうれしく、この国に生まれた幸せをしみじみとかみしめられる時です。

普段は寝坊の多い噺家ですが、〝寝正月〟はありません。元旦は朝早くに自分の師匠のお宅へ挨拶に行き、お客さまや仲間との新年会、その合間には寄席や新春落語会の高座……。あ、逆ですね。最優先はもちろん高座です、エヘヘ。

前座はそれに輪をかけた忙しさ。師匠宅へは兄弟子たちより先に駆けつけて支度をする。寄席に行けば出演者の数がいつもの倍以上。楽屋でそのお世話をして、終わればまた師匠宅に来るお客さまのお取り持ちをするためにとんぼ返りと、文字通り働き詰め。寄席がハネる（終演する）と同時に疲労で倒れ、病院に担ぎ込まれた前座もいるくらいです。ハイ、私の体験です。

そんな過酷な思いをしながらも、前座は目の色を変えて働きます。その原動力は、いい大人なのにズバリ〝お年玉〟です。

　前座は、初席（元旦から十日）と二之席（十一日から二十日）というお正月興行のあいだに、楽屋でその年初めて会った先輩芸人に「あけましておめでとうございます」と挨拶すると、その芸人の名入りの手拭いの上に載せたお年玉をいただけるのです。大した額じゃありません、千円くらい。それでも皆さんから頂戴するので十数万、多いと五十万円近い。前座の通常の寄席で働いた日給が千円ほどですから、年収に匹敵する。そりゃ目の色も変わるってもんです。

　師匠方には「使わず貯めとけ」と言われます。確かに三、四年の前座期間を終え、二ツ目という階級になれば今度は自分があげる番。その昇進時は着物や手拭いを誂《あつら》えるので百万を超す額がふっ飛びます。

　ところが人間にわかに懐が温まれば気が大きくなるもので。飲んで食べて遊んで、ひと月たたずにスッカラカン——を毎年繰り返し、二ツ目間近に青い顔で金策。後輩の前座が貯めたお年玉をあてにするなんてひどい奴も…


…ハイ、それも私です。前座さんには声を大にして言っておきます。

「お年玉は貯めておけよ」。

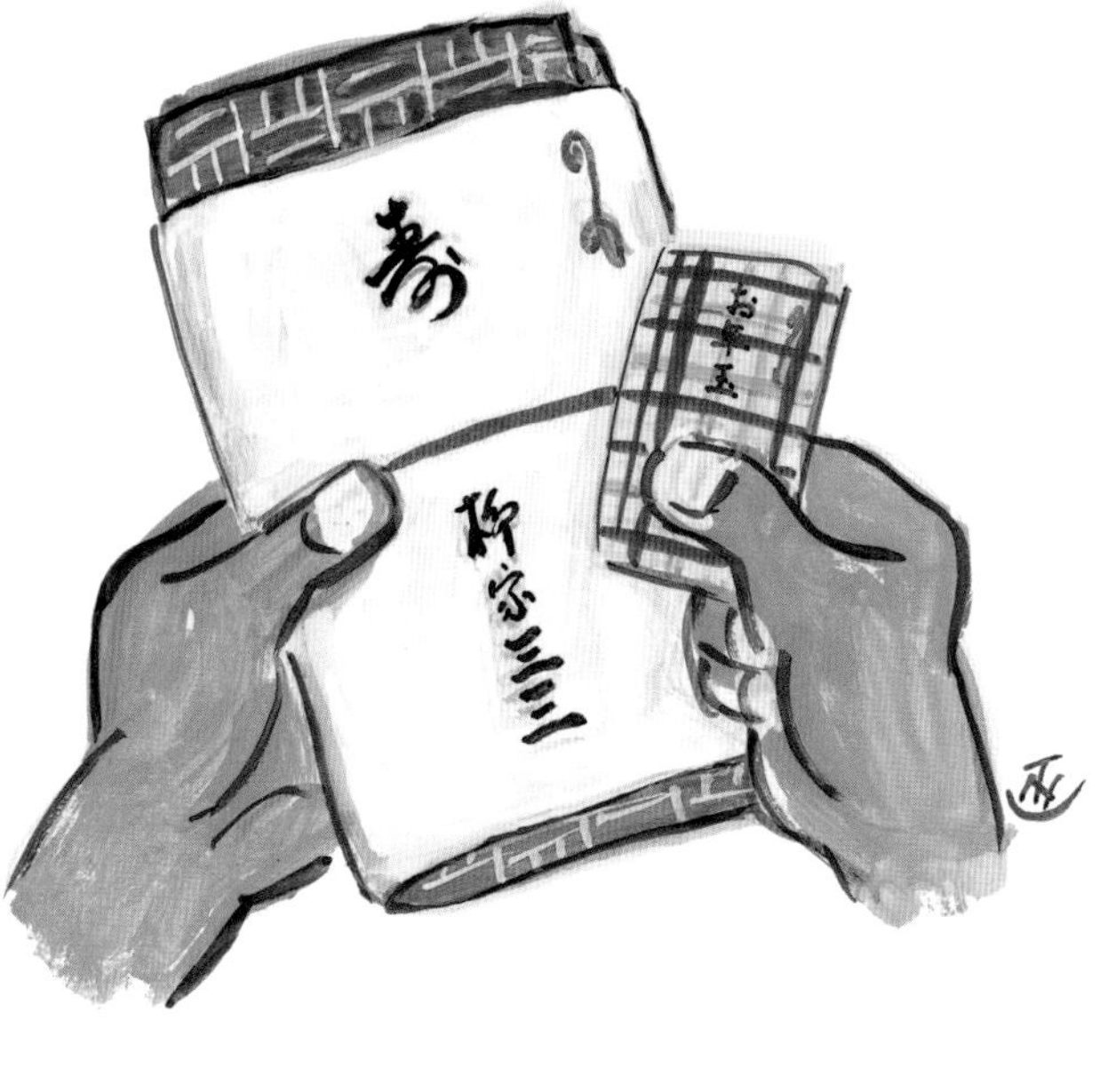

# 「ゆる〜いアイツらに物申す！」

ゆるキャラが苦手です。

このひと言で大勢のかたを敵に回すのは判っていますが、あえて表明します。でも早速にたじろいでいるので言い直します。ブームに乗っかって〝とりあえずゆるキャラ作っちゃいましょう〟というような、安直きわまる考え方が嫌いです……火に油でしょうか。

今、町おこしとか地域のイベントっていうと、すぐにゆるキャラが作られるでしょう。二〇一四年の「ゆるキャラグランプリ」という催しには1699体のエントリーがあったそうです。マスコットとはいえ、世に送り出されれば命が宿ります。もちろん多くの人に愛されて地域の活性化に役立っているキャラクターもたくさんいるんですが、中にはまるで活動していないとか、着ぐるみが行方不明なんてこともあるんだとか。安易な作られ方、使われ方をされた彼らがかわいそうでしょ。

ここまで猫も杓子もゆるキャラだって騒ぐようになってしまったなら逆を行った方がいいんじゃないかって思います。何が何でもゆるキャラには頼らない、歯をくいしばってでも違う方法を考え出して町おこしをしよう、イベントを盛り上げよう。こっちの方がよっぽど恰好いいし、その熱意こそが物事を成功させる原動力になるってもんです。

選挙の時、耳あたりだけ良くて実現不可能な公約を掲げるより、たったひとつ「ゆるキャラ禁止令を作ります」なんて候補者がいたら、きっと一票入れちゃうなあ。

ブームって、何の気なしの出来事がきっかけになって、はじめはまるで見向きもされなかったことが、いつのまにか多くの人を巻き込んで大きなうねりになっていく。その過程で感じるエネルギーと高揚感こそが素敵だと思うんです。「ゆるキャラ」という単語は、みうらじゅんさんが考え出したものです。その言葉が核になり、ブームの先駆けともいえる「ひこにゃん」、全国的な人気者になった「くまモン」、そんなトップランナー（?）には敬意を払いつつ、天の邪鬼の私はその得体の知れないうねりに戸惑いを覚えて背を向けました。

「ふなっしー」なんて、はじめは大嫌いでした。だってうるさいんだもの、声も動きも。何とか難癖付けてやろう、そのためにはまず敵を知らなくてはと、色々情報を集め、その甲斐あってかなり詳しくなりました。ところが皮肉なことに批判する気で調べているうちに、知れば知るほど興味が沸いてきて、ふなっしーの一挙手一投足から目が離せなくなってしまったのです。そんなある日、テレビ番組で阿川佐和子さんと対談していた彼は言いました。「〝好き〟の反対は〝嫌い〟じゃない、〝無関心〟なっしー」と。嫌いでも気になる存在は好きに転じることがある……。敵の方が一枚上手、まさにふなっしーの思う壺です。どうやら今の私はこう言うべきなのでしょう。

ゆるキャラは……嫌いじゃないのよ。

# 「満開の桜と噺家」

月日が経つのは早いもの。つい先日「あけましておめでとう」と挨拶していたと思ったら、そう遠くないうちに花の便りが届くような時期になってきました。いちいち〝桜の花〟と言わなくても〝花〟で通じるのが日本人のいいところ。「花見に行こう」と言われて、チューリップだと思う人はまずいないでしょうから。

落語でも「花見酒」「百年目」「花見の仇討」など、花見を扱ったネタは数多く、中でも一番おなじみなのが「長屋の花見」です。

大家さんに「酒を三升に蒲焼と卵焼きを支度したから花見に行こう」と誘われた貧乏長屋の店子たち。大喜びも束の間、実体は薄めた番茶、大根の漬物に沢庵《たくあん》というニセモノ。文句たらたら上野のお山へ出かけたものの……というお話。貧乏の悲哀をユーモラスに描いて、お客さまにも大いに笑っていただけます。

ところが若いお客層の多い会場で演じると、思ったほどウケないことがよくあります。この噺のポイント「蒲焼と卵焼きだと思ったら、大根の漬物と沢庵でがっかり」というところがピンとこないってんです。考えてみたら、私が生まれた頃、卵はすでに高価なものではなかったんですが、子どもの時から落語を聴き続けていたので何の違和感もなかったんです。

そういえば高校生の前で、「明烏《あけがらす》」という吉原の噺をやったとき(先生のリクエストだったんですよ…念のため)に、終わってから「解らなかったことはある?」って尋ねてみました。吉原について質問が出ると思っていたら「甘納豆って何ですか?」という意外な問いが。

噺の中で登場人物が食べていた食べていた甘納豆の存在を知らないその学生は、糸を引く納豆に砂糖を入れて甘くしたものを手をつまんで食べている場面を想像していたそうで……。聞いていたこちらが気持ち悪くなりました、ハハハ。

さて、花見といえば忘れられない思い出がひとつ。十数年前、下積みの二ッ目だった私は、落語協会の噺家が執筆・編集して発行する季刊誌の表紙モデルを務めていたことがあります。といっても、顔も名前もギャラも出ない、写るのは後ろ姿のみというまったく自慢にならない条件。ある号の表紙を「黒紋付で満開の花を眺める噺家」という編集部の意向で、上野公園での撮影となりました。

当日は雲ひとつない晴天、花は真っ盛りで、一番見事に咲く公園内のメインストリートは大混雑。その通りの真ん中に1メートルほどの脚立を置き、私はその上に黒紋付姿で立ってじっとしているよう指示されました。雑踏の中に抜きん出た黒紋付はいやでも目立ちます。大勢の人が立ち止まっては怪訝な表情で見上げる中、おばさんの二人連れが指差して大声で「なぁにアレ、演歌歌手？」「バカね、どうせ売れない落語家よ！」……。

ムッとしたけど〝どうせ売れない落語家〟という言葉に間違いはありません。芸人、売れなきゃいかんとつくづく思ったものです。

# 「駆け出し時代、春の日の朝に」

「春は出会いと別れの季節」なんて言葉があります。卒業、転勤などで多くの別れがあり、同時に入学、就職などさまざまな出会いがある。ほかの季節ではなく、やはり春にふさわしい言葉でしょう。

私の噺家人生は二十二年前、高校の卒業式の次の日から、見習いという立場でスタートしました。落語界は完全な縦社会、前座→二ツ目→真打、そしてご臨終……ってのは冗談ですが、厳然とした身分制度が存在します。さらに前座の前には〝見習い〟という期間があるのです。前座は落語もしゃべりますが、その本分は寄席の楽屋での裏方仕事。出演者の着物を着せたりたたんだり、お茶出しや出囃子の三味線に合わせての太鼓、小間使いから舞台転換、出演料を渡すのまで前座の役目です。

これらの仕事をいきなりこなせというのは無理な話ですから、それぞれの師匠の家で半年から一年ほどの見習い期間をつとめ、基本的な礼儀作法や着物の扱い方、太鼓や落語を覚えたのちに即戦力として楽屋入りするのです。実は私、見習いが二ヵ月弱でした。いえ、別に優秀だったワケじゃありません。その頃は噺家を志す若者が少なくて前座の数が足りず、すぐ楽屋で働けってことだったのです。

楽屋入りする直前に東京の四畳一間、家賃二万円の風呂なしアパート(ちなみに「七福荘」というなんとも風情のある? 名前でした)に越しましたが、見習い期間は故郷・小田原から高田馬場の師匠宅へ通いました。毎朝5時すぎの小田急線に乗り、8時すぎから掃除、お使い、電話番や師匠のお供、ありとあらゆる雑用を夜遅くまでこなして帰宅する。

電車は往復で約5時間、その間も太鼓を覚えるために出囃子のテープをイヤホンで聞きながら小さく手を動かして……いたつもりが夢中になって周りの乗客から「うるせぇ!」と怒鳴られるなんてこともありました。

唯一の救いは小田原が始発駅で、早く並べば朝の電車は座れること。若いとはいえ全く勝手のわからない芸人の世界、甘ちゃんだった私には肉体的にも精神的にもハードで、運よく座れた時には終点近くまでついウトウトしたものです。

そんな四月のある朝、小田原駅で座れた私はいつしか夢の中へ。ガタンとひと揺れきたので目を覚ますと、町田駅を出るところでした。まだ1時間近く乗るんだなと思っていると「次は相模大野〜」という車内アナウンスに何か違和感が……。沿線のかたならおわかりでしょう。電車はいつの間にか新宿で折り返し、再び小田原へ向かっていたのです。私は約3時間眠り続けていたことになります。

まさに顔面蒼白。大慌てで電車を乗り換え師匠宅に駆けつけましたが、もちろん大遅刻。これ以上はないというほど油を絞られたのは言うまでもありません。

「春眠暁を覚えず」とはいえこの失態、やはり電車で寝ても疲れは〝トレなイン〟でしょうか?

# 「たった一人の〝学校寄席〟で……」

ゴールデンウィークやこどもの日の前後には、さまざまな子ども向けのイベントがあるようです。落語の中でも子どもの噺はたくさんありまして。

「金ちゃん、家に遊びにおいでよ」
「いやだぃ、お前ンち狭いんだもの」
「広くなったよ、お父っつあんが箪笥《たんす》売っちゃったから」

なんて小咄、私は大好きです。

〝大人な〟お客層の多い落語会ですが、例外なのが俗に「学校寄席」と呼ばれるお仕事。全国の小・中学校や高校、時には幼稚園や大学へおじゃまして、落語をはじめ寄席の芸に触れてもらおうというものです。落語を観るのは初めてという子どもがほとんどで、素直なだけに反応も正直です。「俺、名人になっちゃったのかしら」と勘違いするほどツボにはまってウケまくる日もあれば、いくら頑張っても全然聴いてくれずに客席で子ども達は大騒ぎ。打てども打てども響かず、あ〜今すぐ帰りたいと思うような学校も(ごくまれに)あるんです。

通常の寄席では考えられないようなリアクションがあることも。ある幼稚園では前ふりのマクラを終え、本題に入って第一声「おい八っつあん」と言ったとたん、子ども達が「八っつあんが来たの⁉」と一斉に後ろを振り返ったことがありました。客席へ語りかけるスタイルのマクラから登場人物同士のセリフのやり取りという形の本題に変わるという境目が、とっさにはわからない場合があるんだと、大いに勉強になったものです。「時そば」という噺では、そばを食べる仕草が面白かったらしく、子ども達が大勢で真似を始めて体育館じゅうに「ズルズルズル〜」とそばをすする音が響き渡るというハプニング……。数え上げたらキリがないほどです。

いちばん思い出深い公演は、北海道のある町の小・中学校併設の分校でした。中学三年生が卒業して生徒がいなくなり廃校になるという、卒業式兼閉校式に呼んでいただいたのです。卒業生が落語好きだからぜひ生で聴かせてあげたい、という依頼にとても心が打たれました。思い出の詰まった場所がなくなってしまう悲しい日を、涙ではなく生徒たちの笑顔で一杯にしてあげたいと、喜んで出かけたものです。

千歳の空港から車で3時間近い山あいの集落。こぢんまりした分校の校長室へ案内された私は、そこで驚きの事実を告げられました。「卒業生は1人です」と……。

式が始まりました。体育館の真ん中にたったひとつ椅子が置かれ、最後の卒業生となる女生徒が座り、舞台の上には私。左右の壁際には先生や保護者、町のお偉いさんも並んで座り、高座の私ではなく彼女の方をじっと見つめています。皆さん感慨深かったでしょうし、彼女も周りの心遣いが嬉しかったはず。素敵なひとときではありましたが、厳かな空気ゆえ落語を演じた30分間、クスリとも笑いが起きなかったのはいうまでもありません。

# 「〝歯《は》無《な》し家《か》〟になりかけて」

我々寄席芸人のホームグラウンド・定席は、劇場というより〝小屋〟と呼ぶのがふさわしい風情。「お客さまに芸を鑑賞していただく」的な堅苦しさはなく、のんびりとしたひとときを過ごしていただくのが何よりです。

町内に一軒ずつというほど多くの寄席があった江戸～明治時代は近所の人々の憩いの場で、ご常連が自分専用の座布団や枕をキープして、桟敷《さじき》席に横になっているかたもあったとか。そのお客が起き上がって聴いてくれたら、芸人の腕が上がった証拠。ある駆け出しの噺家が熱演していると、いつも寝ているご常連が起き上がったので「やれ嬉しや」と思ったら、「バカ野郎、あんまりヘタクソで寝てられねぇ！」

音楽会や演劇と違って客席で飲食できるのも、歌舞伎や相撲とともに古き佳き日本の楽しみ方でしょう。ただ、寄席はこぢんまりとした広さですから、ビニール袋からお弁当を取り出す〝カサカサ〟という音が案外、ほかのお客さまには気になるし、匂いのキツい食べ物もね……。もちろん噺家も打ち上げの席でビールに餃子なんかも大好きですが、翌日ニンニクの臭いプンプンで20分、30分話したらもう犯罪。気を付けたりはするものです。

虫歯も大敵です。口に痛みや違和感があっては集中して演じられません。

かく言う私、昨年外出中に突然、奥歯の激痛に襲われました。かかりつけの歯科に電話すると二週間先まで予約で一杯。一分一秒でも早く何とかしたいと思った私の目に一軒の歯科医院の看板が。飛び込んで聞いてみるとたまたま空いているというのです！

六十歳前後と思しき先生が診療を始めるなり言いました。

「右上の奥歯にぽっかり、ドーム状に大穴が空いてるね。抜くしかないよ。5分で終わるからやっちゃおう」

余裕たっぷりの先生の物言いに私はうなずき、抜歯が開始されました。

「麻酔が効いてきたから、このペンチで〝つまんでポン〟でおしまいだよ」

ゴリゴリという歯をつままれる感覚に続いて〝バリン〟という大きな音。そして、

「あっ！」と先生。

「穴が大きくて、つまんだら歯が砕けました。残っている根の部分に十文字にドリルで切れ目を入れて細いペンチでつまみ出すしかないけど、どうします？」

聞くだけで痛いけど、抜かなきゃ痛いままだからどうするも何もなく続行。

「よし、えいっ……おっ……あれ……くそっ！（助手に向かって）それ取って……それじゃねぇぞバカ！」


ものすごい状況でしたが何とか終了。にこやかに、しかし汗だくの先生が「もう安心ですよ」と言ってくれたのは施術開始から50分後のことでした。

# 「浴衣の〝江戸前〟な着方」

夏場の寄席の風物詩、第一番はやはり怪談噺。暑いときに背筋のゾクリとする怖い物語は今でも人気です。そんな寄席で近年目立つようになったのが若い女性の浴衣姿。十年ほど前から増えはじめ、ここ数年は夏になるとほぼ毎日、多いときには十人以上客席にいらっしゃることも珍しくありません。もちろん年齢に関係なく浴衣姿のご夫人は素敵ですが、私が修業中だった二十年ほど前は浴衣はおろか、若い女性の姿そのものが寄席では稀でした。現在は、朝ドラの主演女優さんが寄席に座っていたなんて出来事もあるくらい落語好きを公言する女性が増えましたが、以前は世間に知られるとお嫁に行けなくなるとでも思っているんじゃないかというほどにひた隠しにするかたが多かったんです。

そんなわけで若い女性が寄席にいらっしゃるだけで浮足立ってしまうんですが、実際に浴衣をお召しになったかたからよくうかがうのが「思ったより暑い」という感想。確かに洋服に慣れていると、胴中をしっかりと締めつける和装は窮屈かもしれません。そんな女性たちに3つのアドバイスをさせていただきましょう。

①着物で出歩くことに慣れた、〝頼れる姉さん〟と知り合うこと。

②自分なりの着こなしが確立できるくらい回数を重ねること。

慣れた人から着崩すコツを教わって、自分の楽なスタイルを見つけられたらしめたものです。そして最も重要なポイントがこれ。

③〝浴衣姿はサービス業〟だと思うこと。

あなたは少々暑いかもしれません。けれどあなたを見て「浴衣か、いいなぁ」と、周りの人たちがみんな目で涼を感じられるんです。周囲の方々が涼しい思いをできるためだと考えれば、より様子のいい着こなしができるはずです。

ま、私がなんだかんだ言うまでもなく、女性の浴衣姿のレベルは年々上がっています。

問題は若い男性の浴衣姿。どうして揃いも揃って着丈がつんつるてんで帯を胸高に締めて前がはだけてるんでしょう？　私はそんな男性たちを「バカボンの行列」と名付けています。

某ファッションビル――〝駅のそば〟がウリの駅からほど遠いメンズ館――の浴衣売り場で出くわした光景です。

客「あのォ、彼女と花火観に行くんで浴衣欲しいんスけどォ」

店員「今年はこの風神雷神の柄なんか流行ってますよ。帯はドクロの刺繍のなんかどうです？」

客「お洒落になるにはどーすりゃいいスか？」

店員「シルバーのネックレスなんかしたらバッチリ〝江戸前〟です」

……コラコラ、客も客なら売り子も売り子だろ。皆さん、この夏はそんな〝江戸前の男〟を探してみて下さいな。

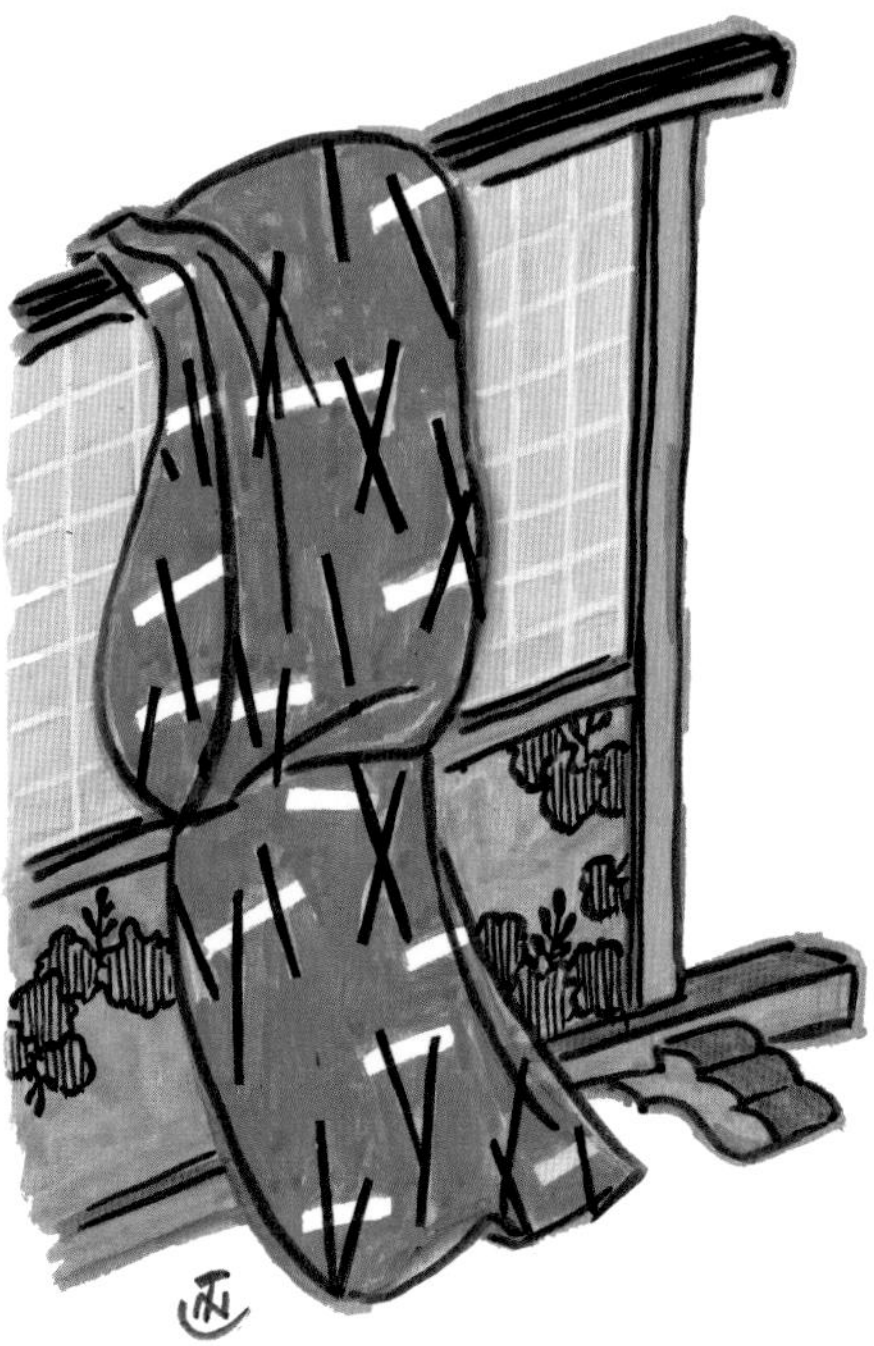

# 「私、出演者なのですが……」

落語家は顔が名刺ですよ——私がうぬぼれていうわけじゃありません。初対面のかたと名刺交換という時に、こちらが「無精な商売で名刺は……」と恐縮すると相手が気を遣って言ってくださるんです。まぁ、着物姿で高座をつとめるものの、普段は洋服姿がほとんどな我々の世界、売れっ子でも街中ではほとんど気付かれないのが実情ですけど。

問題は街中ならともかく、仕事先でもこれがあるってことです、ときどきね。

十数年前、秋葉原にあった〝石〇電気〟(伏せ字になってるか微妙ですね)のCDショップ最上階のイベントスペースで「柳家三三独演会」をやってくれという依頼があり、喜んでお受けしました。その会の前日、落語の音源の品揃えが豊富な階下のCDショップにたまたま立ち寄った私は、数枚の落語CDを購入すべくレジのカウンターに品物を置きました。ふと見るとそこには私の大きな顔写真の入った明日の会のポスターが貼ってあります。店員のお兄さんがレジを打とうと商品を確認する手が止まり、CDとポスターと私の顔を順に見てから「あの…」と、小声で話しかけてきました。「気付かれたか。〝明日はよろしく〟とか〝頑張って〟と言われたらどう返事をしようかしら」ととっさに頭の中で考える私に、彼は言いました。

「明日、落語会があるから聴きに来ませんか?」

……そう、店員さんは私に気付いたのではなく、落語好きな男を誘ってみようというトンチンカンな営業活動にとりかかったのです。そして返事に窮して立ち尽くす私に「チケット、けっこう残ってるんです」——と、ショッキングな事実をさらりと告げました。こうなると「私が出演者です」とは言いにくい。ならば相手に察してもらおうと、私は「明日は来るんだけど、チケットはいらないよ」と遠回しに言うと、「いえ、チケットがないと入れないんです」

……いい加減、察しの悪さに業を煮やし、「チケットがなくても入ります！」と言い残して店を出ました。

さて翌日、その会場は楽屋口がなく、出演者も正面入口から出入りする造りです。前の仕事の都合で開場時間が過ぎてから楽屋入りすることになった私は、「おはようございます」と声をかけて受付を抜けようとしました。するとスタッフの若い男性が「あ、チケット拝見します」……。確かに洋服姿の貧相なあんちゃんにしか見えないかもしれないけど、仮にも独演会の主、しかも〝おはようございます〟という業界的な挨拶までしてるんです。昨日の一件もあるので素直に「三三です」と名乗る気の失せた私は「チケットは持ってないけど中に入りたいなぁ」と意地の悪い物言いをしました。すると彼はにっこり笑って「大丈夫、チケットは相当残ってます」と一言。

こちらももう笑うしかありません。その日は異常なハイテンションで、楽しく楽しく高座を務めたのでした。

# 「受話器の向こうから……」

皆さんが今月号を手に取って下さる頃には、さすがに暑さも峠を越しているでしょうか。

さて、秋は文化的な催しが盛んになり、噺家もおかげさまであちらこちらからお声をかけて頂きます。仕事先へ向かうときに必ず利用するのが交通機関。近場ならバスや地下鉄、遠方ならば新幹線やら飛行機やら、ホントにお世話になっています。わが小三治一門の弟弟子・柳家三之助さんは大の航空マニアで、飛行機の本を出版するわ、中部国際空港(セントレア)内のホールで落語会——空港で〝落ち〟のある落語!——を開催するわ、その熱意は大変なものです。私もその会に呼んでもらったとき、彼は私のために東京から新幹線と名鉄を乗り継ぐ切符を手配してくれました。ところが三之助さん自身は飛行機で会場入り、しかも品川の自宅から電車でわざわざ成田空港へ行き(羽田→中部という便はないのだそうです)そこから空路という……。感心を通り越してあきれてしまうほどの好きっぷり。常人には理解不能です。

便利でありがたい交通機関ですが、利用する機会が多いだけに、ときにハプニングにも出くわします。

二〇一三年の二月、関東地方は大変な雪に見舞われました。その日私は昼間、仙台で独演会をやり、夜は東京へ戻って後輩の独演会にゲスト出演することになっていました。午後4時すぎに新幹線で仙台駅を発ち、6時頃には帰京、8時の出番に充分間に合う……はずでした。ところが大雪で新幹線が遅れに遅れ、ついには大宮駅で立ち往生、在来線もみなストップしてどうにもなりません。一歩でも一秒でも早く東京に着きたくて先頭車両に移動したり――あとで考えれば無意味なんですが、人間追い詰められるとバカなことをするものなんですね――気持ちばかりがあせって列車はウンでもスンでもない。新幹線はついに動かず、何とか在来線が動き出したときにはすでに8時半。9時終演の会にはどうやっても間に合いません。疲労といらだちの充満した京浜東北線に揺られていると携帯電話にその後輩から着信がありました。いけないことですが緊急事態ゆえそっと出ると。

「ゴメン、間に合わなくて。もう終演しちゃったかい？」

「いえ、私いま高座で、お客さんの前で電話してます」

「……!?」

「雪の中、兄さん目当てに来てくれたお客さんも多いんです。私がマイクに電話をくっつけますから、皆さんのために電話口で落語をやって下さい！」

　思いもよらぬ言葉ですが、お客さまのため、後輩のため、私は電話に向かってヒソヒソ声で小咄を演じました。殺気立った車内のお客さんの刺すような視線を浴びながら。

「兄さん、お客さん大喜びです。じゃあお気をつけて」

　そう言って電話を切る寸前、後輩はひと言。

「あ、ギャラは出ませんから」

……そりゃそうですよね。

# 「何しろ若いんだから！」

「えー、昔から男の道楽は〝飲む〟〝打つ〟〝買う〟の三つと相場が決まっているようで……」

落語の始まりの常套句、寄席では毎日のように聞かれる言葉です。道楽の筆頭に挙げられる〝飲む〟、つまりお酒の話題が、この連載でまだ登場していないようで。それもそのはず、実を申せば私、滅法お酒が弱く、調子がよくてもビールをグラスに2、3杯いただくだけで千鳥足という軟弱者であります。

世間では「落語家は呑んべぇで道楽者」という抜き難いイメージ——たしかにそのとおりの人も随分いるんですけど——があるようで、落語会が終わったあと打ち上げの席などで「飲めないの!? 落語家なのに」なんて言われることもたびたびです。ところがお酒を飲めない師匠方も案外大勢おいでで、テレビの「笑点」で司会を務めているご存知の桂歌丸師匠も、その前の司会者だった先代・三遊亭圓楽師匠も、揃って一滴も飲まない方です。

その歌丸師匠と私の師匠・柳家小三治、それに私三三の「三人会」で博多へうかがったときのことです。季節は冬、主催者さんが張り切って打ち上げにふぐ屋さんで一席設けてくださいました。世話役のかたは絵に描いたような九州男児で情に厚くてお酒が大好き。目一杯のもてなしをしてくれます。

「さあ、どんどんやってください。冷やですか、寒いから熱燗のほうがいいかもしれませんね。せっかくふぐ屋だからひれ酒にしましょうか。いかがです、歌丸師匠」

「いやいや、申し訳ないけれど私はまるで飲めないタチで。せっかくですがウーロン茶を」

「それは残念ですねぇ。それじゃあ小三治師匠、何をお飲みになりますか」

ところが私の師匠もまったくの下戸なんです。

「私は温かいお茶をもらいましょう。若い者がわれわれ年寄りの分まで飲みますよ」

　そう言ってこちらをチラッと見たのです。耳を疑うとはこのことです。私だって酒が弱いことは師匠もよく知ってるんですから。ところが何も知らない九州男児は満面の笑みをたたえながら、

「それじゃあ三三さん、皆さんの分までパーッといきましょう。何しろ若いんだから！」

　徳利をこちらに突き出して万全のお酌の態勢です。

「あ……、ハイ」

四十路の〝若者〟の私、ありがたく頂戴しました。2時間で日本酒をお猪口に3杯ほど。打ち上げが終わり、宿へ戻ると、師匠・小三治が私の顔をつくづく見てひとこと。

「弱いと思ってたら……お前は相当の酒飲みだなァ」

　呑んべえが聞いたら笑われるでしょうが、人それぞれ尺度は違うようで。

　そんなこんなで以来、師匠から酒豪の烙印を押されて今日に至っております。

 ※『男の隠れ家』2015年11月号掲載

# 「普段のお仕事は何を？」

芸術の秋、スポーツの秋、そして食欲の秋。たけなわのこの季節を楽しむには事欠かない今日この頃ですが、私がいまひとつ馴染めないのがハロウィンというやつで。ここ数年、若い人を中心に統一性のない仮装をして徘徊する、あれですよ。繁華街で集団に出くわすのはもちろん、淋しい住宅街などをひとり歩いていて、暗がりから帰り道であろう単体の仮装姿が現れたりすると本当に驚きます。

本場では子ども達が近所を「お菓子をくれなきゃイタズラしちゃうぞ」と訪ね歩くとか。年端のいかないうちから〝ゆすり・たかり〟を覚えさせちゃいけません。

愚痴はさておき、噺家は仮装という訳じゃありませんが着物で高座を務めます。逆に言えば普段はほとんど洋装、現在いつも和服姿で通しているのはほんの数人です。私も日常は洋服です。いつでしたか、鎌倉で落語会の出番を終え、駅のホームで東京行きの電車を待っていると、隣に立った妙齢の御夫人がチラチラこちらを見ています。そのうちに意を決したのか「あの、さっき落語をしゃべっていらした……」と話しかけてくれました。

「お客席においでしたか。楽しんでいただけましたか？」

「はい、久しぶりにお腹の底から笑わせてもらって楽しかったわ……ところで普段のお仕事は何をされてるのかしら？」

「――――！」。二の句が継げないというのはこういうことですね。ちょっとおしゃべり好きな素人だと思われたようで。しかしそこは芸人、腹を立てたりはしません。穏やかに「いつもは区役所の戸籍課に勤めています」とお答えすると、女性は笑って「あぁ、やっぱり」

…って、何がやっぱりなんだか(泣)。

噺家の高座着には法律で定められてこそいませんが、暗黙の決まりごとがあります。前座・二ッ目・真打と階級が分かれている中で、前座という身分の間は修行中ゆえ紋付、羽織、袴を着ることが許されません。着物一枚のいわゆる着流しという形。現在では、噺家になる前は着物など袖を通したことのない若者がほとんどですから似合わないことおびただしい。帯がズルズル胸高に上がってきて脛がむき出し、ちょっとしたバカボン状態です。それが前座の数年間、毎日楽屋で着物で立ち働くうちに着こなしが自然と身に付く、うまくできたものです。

ところが晴れて二ッ目に昇進し、紋付、羽織、袴姿になってみると、これがまた板につかないんです。できの悪い七五三のよう。高座でしゃべりながらさりげなく羽織を脱ぐのもはじめはうまくいかず、着物まで一緒に脱げそうになってお客さまに笑われる……そんな失敗も。

これも経験を積んで真打の声がかかる頃にはすっかりさまになるもので。高座の着物姿を見ながら「この人何年目かな?」と、噺家の芸歴を想像するのもたまには面白いものですよ。

# 「よぉ、落語家！」

一年が経つのは早いですねぇ。子どもの頃は想像もしませんでしたが、大人になると目の前の雑事に追われ、あっという間に一日が終わり、気が付けば年の瀬です。

我々噺家には、十二月に〝お歳暮〟という習慣があります。「そんなものは世間にもある」と仰るかたもいるでしょうが、これがなかなか大変なのです。宅配便には頼らずに、お世話になった師匠や先輩のご自宅を直接訪ね、ご挨拶をして品物を渡すのです。今ではほんの数軒ですが私も二ツ目時代はお中元とお歳暮で年に二回、二十軒ほどをご挨拶に回りました。

不文律としてアポなしでうかがうというのが決まりです。「何日の何時にお邪魔します」なんて予告したら、先方に〝待っていろ〟と強要するようなもの。失礼にあたりますからこれはご法度。朝早くや日が暮れてからもいけません。日中のよき時間帯を見計らい訪ねます。けれど師匠方がご在宅とは限りません。うまくいけば二十軒を二、三日で回れますが、不在の事もたびたびです。そんな時には、駅前の喫茶店で時間を潰し、また訪ね、それでもダメならほかのお宅をうかがってから再チャレンジ。それでも会えなければ日を改めて、出直して。何遍お邪魔しても会えずに諦めたこともありました。結局、年が明けてからお目に掛かったら、家族で海外旅行に出掛けていた——なんてことも。

これは私じゃないですが、留守が続いていた師匠のお宅で、玄関のドアノブに品物の入った紙袋をぶら下げて帰った若手がいました。もちろん後日、呼び出されてお小言を頂戴したそうな。何事も無精はしちゃいけませんね。

読者の皆さんからしてみたら、なんだかえらく非効率的で、古くさい風習だと思われるでしょう。けれど我々は、高座でお客さまと直に相対して噺を演じる商売です。常日頃から人と人との繋がりを大切に、お客さまとの間合いを推し量り、相手の気持ちを汲むことを心掛ければこそ、皆さんに喜ばれる高座になる……、のではないかと思ったり思わなかったり。

ところで、噺家同士のコミュニケーションで、一緒の電車に乗っていて先に降りるときイタズラを仕掛けることがあります。先に降りる方がドアが閉まる直前、まだ乗っている者に向かって、大声で「よっ、落語家！」と言って立ち去るというもの。車内に残された方は周りから好奇の目で見られ、誠にきまりが悪い。その姿を想像してこちらは内心ニンマリ。まぁ、仲が良いから許される遊びです。

ところがこれでドジを踏んだヤツがおりまして。仕事先に向かう電車で、仲間と顔を合わせた途端に「よぉ、落語家！」と声を掛けちゃったそうです。

ドアが閉まり電車は出発。車内では、言われた方はもちろん、言った方まで白い目で見られることに。目的地まで二人ともうつむいたまま無言で乗っていたとか。やれやれ。

# 「当たると痛い！」

日本のお正月もずいぶんと様変わりしたものです。私のご幼少のみぎり……いやいや、そんな結構なものじゃありません、セコジャリの頃は、三が日に営業しているお店なんてほとんどありませんでした。しかしながら、寄席は今も昔も元旦から休みなし、お正月はかき入れ時です。出演者はもちろんのこと、楽屋で下働きをする前座も目のまわる忙しさ。その心の支えになるのが、師匠方から頂戴するお年玉であることは以前書かせていただきました。そのお年玉と一緒にくださる師匠方の名入りの手拭いも楽しみのひとつなんです。

噺家は二ッ目以上の者が皆、自分の名前の入った手拭いを染めることになっていまして、これは昇進や年始など節目で会ったかたにお渡しする、名刺のようなものです。前座修行を終え、二ッ目昇進時に初めて自分の手拭いを拵《こしら》えます。そのときの「ああ、噺家として本当のスタートだ」という、高揚感と緊張感の入り混じった気持ちは今でもはっきりと覚えています。

素敵なものを作ろうと張り切って、柄・色を各自が工夫しますが、このときに迷うのが〝誰が喜んでくれるか〟なんです。噺家にとって手拭いは、落語を演じるときに財布や煙草入れ、本から焼き芋まで表現する大切な小道具です。高座で無駄にお客さまの目をひくような、けばけばしいものよりも、柄や色が邪魔にならないオーソドックスなもののウケがいいようです。ところがご贔屓筋《ひいきすじ》などには、一見してその噺家のオリジナルだと判る、似顔絵が入ったり、出身地の名物がデザインされたような派手なものが喜ばれる場合も多々あります。そんなジレンマに頭を悩ませながらどんな手拭いにするかを考えるのは、苦労もありますが楽しい作業です。それをお客さまが知り合いに自慢げに広げて見せていたり、仲間が高座で使っているのを見た時には何とも嬉しいものです。あべこべに楽屋で粗相した前座さんが、畳にこぼしたお茶を拭いているのがさっき渡したばかりの自分の手拭いだったりすると、役に立っているんだとは思いつつ、胸が痛むんですよね。

私の新年最初の独演会では〝手ぬぐい撒き〟が毎年恒例になっています。高座から客席に数十本の手拭いを投げ、お土産にしてもらいます。ありがたいことに会場が次第に大きくなり、お客さまが増えました。それに合わせて手拭いの本数を増やしましたが、そこそこの出費をしながら五百席に数十本では申し訳ない思いもありました。そこである年、三三オリジナルの包装紙にしたチロルチョコを撒くことにしました。手拭いよりかなり安いので、同じ出費でお客さま全員に行き届く数を注文でき、大得意で手拭いならぬ〝チョコ撒き〟をしました。ところが終演後のアンケートには少なからぬ「当たると痛い！」とのご指摘が。よかれと思ったことが……うかつでしたねぇ。翌年からは〝手ぬぐい撒き〟へと逆戻りしたのは言うまでもありません。

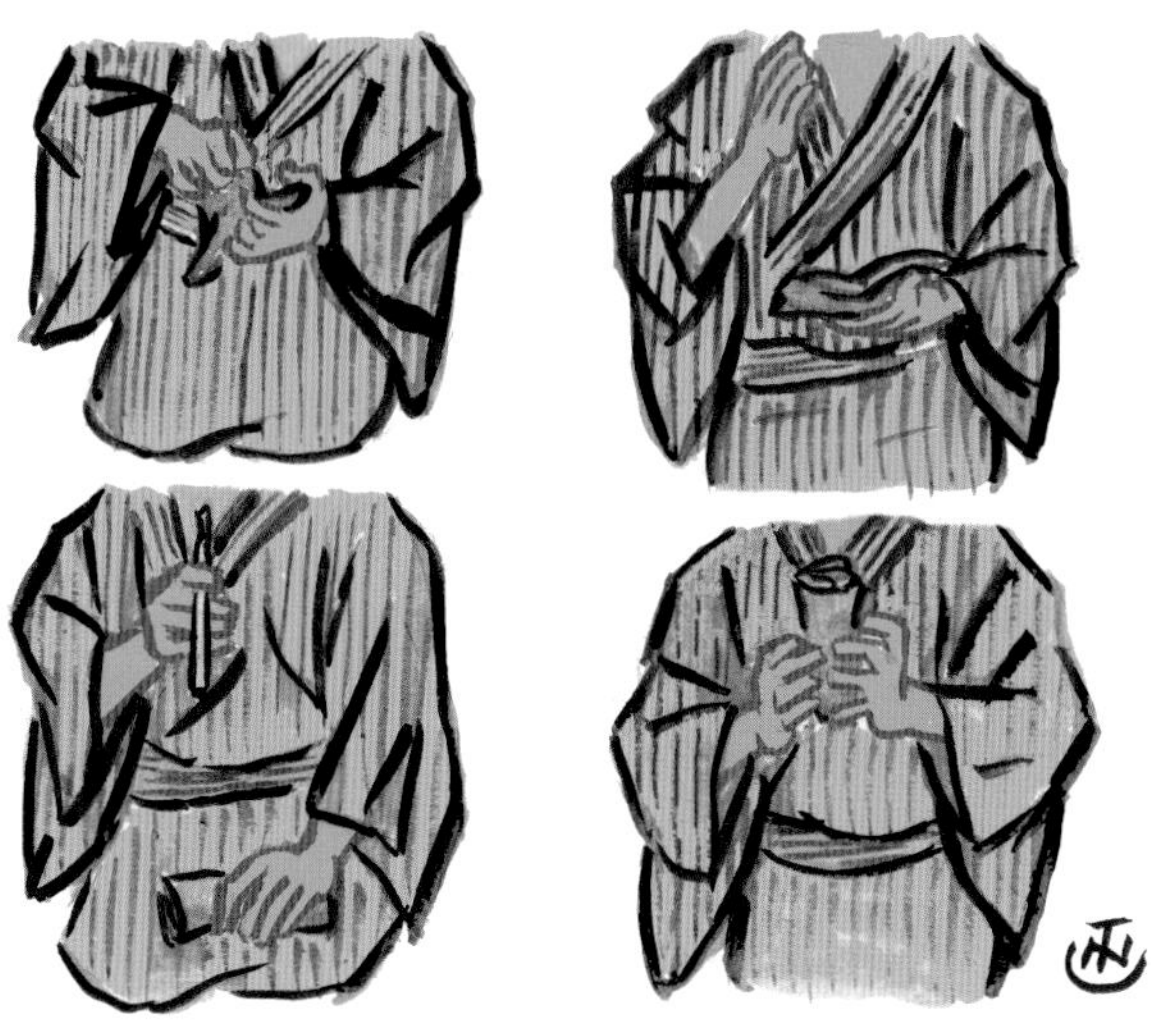

# 「縁の下の力持ち」

われわれ噺家が高座に上がるとき〝出囃子《でばやし》〟という三味線の音楽に乗って登場します。この出囃子、一人ひとり違う曲を使うってご存知ですか？　昭和の名人、八代目・桂文楽師匠は「野崎」、五代目・古今亭志ん生師匠が「一丁入り《いっちょうい》」なんてのが有名なところでしょうか。この三味線を弾いてくれるのが「お師匠さん」と書いて〝おしょさん〟と呼ばれるおばあさ……エヘン、おねえさん方です。今でこそ若いお師匠さんも増えましたが、二十数年前に入門した頃は随分と高齢なかたが多くて、十八歳の私から見ると「日露戦争の未亡人じゃないかしら」と思うような……ワケはありませんけど。

お師匠さん方の頭の中には、東京・大阪合わせて七百人を超える噺家の出囃子がインプットされています。そればかりではありません、落語の途中に〝はめもの〟といって三味線で効果音やBGMを入れるものがあり、キッカケを外さずに演奏しなくてはなりません。さらに曲芸や奇術などの高座では〝地囃子《じばやし》〟という音楽でその芸を盛り上げる、舞台袖でまさに八面六臂《はちめんろっぴ》の活躍なのです。その中でも紙切りという芸――これはお客さまから出されたお題の形を、何も書かれていない白い紙から鋏《はさみ》一丁で切り出す、当人たち曰く人間業じゃない〝紙〟ワザだそうで――の地囃子を弾くときは見事ですよ。お題に合わせた曲を瞬時に思い浮かべて演奏を始めるんですから。〝弁慶〟という注文なら長唄の「勧進帳」、〝盆踊り〟が出れば「炭鉱節」。日本の曲ばかりじゃありません。〝サンタクロース〟なら「ジングルベル」、〝スターウォーズ〟と言われればそのテーマ曲まで、お師匠さん方の頭の中の楽譜を見てみたいものです。

先日、広島県での公演で、紙切りの林家正楽師匠の高座の折、お客席から「安芸の宮島！」というご当地らしい注文がありました。その際舞台袖のお師匠さん、とっさに演奏したのが童謡の「もみじ」でした。楽屋で聴いていた私は「なぜこの選曲なんだろう？」と、終演後に尋ねてみると、お師匠さん曰く「歌詞がぴったりでしょ。〽秋の夕日に……、ね？」「……あの、宮島の〝あき〟は〝秋〟じゃなくって〝安芸〟ですよ」「あらまァ、そうなの⁉ 恥ずかしい！」と、とんだ〝あき〟違いで大笑い。ちなみにこのお師匠さんのお名前は〝はる〟さんとおっしゃいます。

お師匠さん方の三味線に合わせて太鼓を叩くのは大事な前座修業のひとつ。若い者には馴染みの薄い邦楽の知識を教わったり、ちょっとした気づかいをアドバイスされたり、お師匠さん方から勉強させていただくことは大きな糧になるんです。そして毎日袖から多くの噺家の落語を聴いているお師匠さんの耳は肥えています。「あんた最近おもしろくなったねぇ」なんて声をかけられたうれしさというのは特別なもの。寄席に欠かせぬ〝縁の下の力持ち〟なんですよ。

# 「〝ツー〟っとくる！」

人間は身体が資本。これはどんな立場や職業でも同じですが、自分の名前を看板にしてお客さまを呼ぶ芸人稼業は、人並み以上に体調管理に気を配らなくてはなりません。二〇一五年の一月、インフルエンザに罹《かか》りました。五日間、外出を禁止され、独演会や後輩落語家の会のゲスト出演など、いくつもの仕事に行かれず本当に本当に御迷惑をかけてしまいました。健康第一と頭で解っているつもりでしたが、あらためて事の重大さや責任を痛感したものです。

さてさて、私には日々の健康法がふたつありまして、ひとつが〝柔軟体操〟で、もうひとつが〝うがい〟です。

十年ほど前、ミュージカル俳優を目指す若い人たちと御一緒する舞台のお話をいただきました。彼らは本番ではない稽古のときにも、開始前に入念なストレッチや発声練習をしてから臨むのです。噺家は本番の高座前だって声出しをする人などまれで、どうかすると朝起きて顔も洗わずにお客さまの前へ出る輩……はさすがにいないかな。とにかく怠惰《たいだ》な人種ですから、この姿にびっくり。見よう見まねで体操に加わると……硬いんです、身体が。周りと同じように曲げたり伸ばしたりしているつもりでも、その格好があまりに不様《ぶざま》だとモノ笑いの種。悔しくて意地になって、学生時代に部活で覚えた体操を続けるようになりました。以来、硬いのは相変わらずなものの、あら不思議。ひどく悩まされた肩凝りが解消され、高座でも声の出かたや頭の回転が良くなった気がします。

ただ、体操をさほど広くない寄席の楽屋で

やるものですから、先輩師匠方に「またやってらぁ。邪魔だから家でやれ」なんて言われるんですが、我が家はもっと狭くて充分に手足を伸ばせないんだよなぁ。

もうひとつのうがいは、喉と同時に、人様にはあまりお勧めできませんが〝鼻うがい〟もするんです。水を鼻から吸い込み口から出す——この話をすると相手は大抵、顔をしかめて「ツーンと痛いでしょ?」とおっしゃいます。でも私には秘訣があるんです。塩水でやるというだけの簡単なもの。以前、塩水を使った喉のうがいで、むせて鼻に入った時、なぜか〝ツーン〟がなくて会得した、棚ボタの秘訣です。

とにかくマメにやってると喉も鼻もスッキリ、風邪もめったにひかなくなりました。ただし問題がひとつ。あとで充分〝水抜き〟をしないと、何かのはずみで鼻から水が垂れてきちゃう。特に高座で座布団に座り、深々とおじぎをして、顔を上げた瞬間が危険です。満面の笑みで噺を始めようとしたら〝ツー〟っとくる! 前の方で気づいてびっくりするお客さまがいますけど、もっと驚くのは私です。恥ずかしい上に、着物の膝のところに大きなシミができて大損害。「お笑を一席」のはずが「笑えない〝一滴〟」になっちまうのです。

# 「あれにははらわたが……」

桜前線が日に日に北上する、そんなニュースが楽しみな時期ですね。四月八日は「花まつり」、つまりお釈迦様の誕生日です。西洋の神様の誕生日が年末に大層盛り上がるのに比べ、世間的には地味な扱いを受けているようです。

　落語にもお釈迦様は登場し、母親の胎内に三年と三月いらしたと伝わっています。〝普通の人が十月十日ってえから三年三月は相当なもので。置く方も置く方なら、いる方もいる方ですナ……〟なんて塩梅。これからお釈迦様が開いた仏教を、阿弥陀様が小さな仏像の姿になって日本に伝え、その御仏体が信州に運ばれて長野の善光寺が建立された――というのが「お血脈」という落語の冒頭。このあと地獄が財政難で閻魔大王がアルバイトしたり、石川五右衛門が新幹線で善光寺に向かったり……まぁ、バカバカしい噺です。

　二〇一五年十二月に私、善光寺へ参りました。といっても長野じゃなくて、岐阜県の関市――刃物と鵜飼いで名高い町です――にある善光寺。ここにおいでになる〝大日如来像〟が、ラグビーの五郎丸選手の〝ルーティン〟のポーズと同じ手の組み方をしていると、ちょっとした話題になりました。

　なるほど、その前年こちらのお寺へ向かったときに比べ、参詣のかたが随分増えています。今日だけたまたまではない証拠に、駐車スペースが拡張され、境内のお土産物売り場が倍以上の規模になっています。人間というのは判りやすいものですね。

　さて、関市へおじゃましたのはお仕事で、善光寺のお隣にある、曹洞宗のお寺が会場でした。三十代のお若い御住職のお父上も、別の曹洞宗のお寺で御住職をされていて、大変な落語好き。「楽しみにしてますよ」と、客席の中程でお聴きくださいました。

本堂に集まった百人以上のお客さまは、じつによく笑ってくれました。そこで三席の落語をうち、最後は「蒟蒻《こんにゃく》問答」をやりました。これは越前・永平寺から上州（今の群馬県）へやってきた旅の僧が、貧乏寺の住職になりすました蒟蒻屋のおやじに問答を挑んでひどい目に遭う――という、曹洞宗にはかなり失礼な噺です。けれども会場のお客さまは大いに沸いて、落語会はお開きとなりました。

控え室になっている庫裏《くり》の座敷へ戻って着替えをしていると、玄関でお客さまを見送る声――どうやら御住職のお父上です。

「いやァ、今日は皆さん大変よく笑ってくださって。私もとくに『蒟蒻問答』、あれにははらわたが煮えくり返ったよ」

……怒ってらっしゃる！　無事に帰らせてくれるかしら？　と、不安になりましたが、お声はいたって朗らかです。よくよく伺ったら「はらわたがよじれるほど笑った」とおっしゃりたかったそうで。あとでご当人に「肝を冷やしましたよ」と伝えると、

「そりゃ〝ハラハラ〟させたなァ」

……いや、恐れ入りました。

# 「しあはせは」

目には青葉 山ほととぎす 初かつを

江戸初期の俳人・山口素堂《そどう》の名は知らなくても、この句は大抵のかたがご存知でしょう。俳句を嗜《たしな》む噺家も多く、私の師匠・柳家小三治も「東京やなぎ句会」に名を連ね、句会の開催される毎月十七日は決して仕事を入れず、欠かすことなく出席するそうです。同人に小沢昭一さんや永六輔さんなど、びっくりするほど豪華な顔ぶれがズラリ居並ぶこの会で、発足当初から宗匠を務めていらしたのが、二〇一五年七月に亡くなった入船亭扇橋《いりふねていせんきょう》師匠でした。

少年の頃から俳句に親しんで『光石《こうせき》』の俳号を持ち、水原秋桜子《しゅうおうし》先生にも評価されていたそうです。扇橋師匠の噺は淡々としていながら骨太で、しかも決して堅苦しくならない、春風のようなあたたかみのある、それは素敵な芸風でした。師匠・小三治とは無二の親友で、私も弟子ということで随分目をかけていただいたと、自分では思っています。ご飯をご馳走になると、お齢のわりに健啖家で、そば屋と喫茶店とカレー屋のはしごなんてこともありました。

うちの師匠が寄席のトリを務める興行には大抵、何本か前の出番に入っておいでで、「たけちゃん(小三治の本名が剛蔵なので)、打ち上げは焼き肉屋がいいねぇ。カルビクッパは美味しいよ」なんて、甘えているんだかゆすっているんだか……。うちの師匠も「仕様がねぇなァ」と言いながら、嬉しそうに扇橋師匠の好みと都合にあわせて打ち上げの日程を決めていました。

さて当日、出番の終わった扇橋師匠、手早

く着替えを済ませるとそのままお帰りの様子。居合わせた私が「今日は打ち上げ、焼き肉のですよ」とお止めすると
「いやぁ、楽しみにしてたんだけど、うちに孫が遊びに来てさ、テレビで一緒に『アートネイチャー』を見るって約束しちゃったんだ。小三治によろしく言っといておくれ」

「……？　お約束は判りましたけど、CMを楽しみにご覧になるんですか」

「バカだねお前は。映画に決まってるだろ『アートネイチャー』は」

「？？……そんな映画ありましたっけ」

「知らないかい？　筋肉モリモリの外人がさ、あァ、シュワちゃんてぇのか？　未来から来てどうこうって」

「……それ『ターミネーター』ですか」

――『ターミネーター』と『アートネイチャー』、似てるんだか似てないんだか。あとで聞いたうちの師匠も大笑いしてましたっけ。

　以前、噺家は名入りの手拭いを拵《こしら》えると申し上げました。扇橋師匠は渋くてあたたかみのある草色の地に、自作の句を染め抜いたものでした。

しあはせは　玉葱の芽の　うすみどり

師匠のやさしい眼差しとともに今でもよく思い出します。

# 「また最初からやって」

落語会の終演後、打ち上げの席で会のお手伝いをしてくださったかたにたまに言われます。

「洋服姿だと若いんだね。着物でしゃべってると、もっとおじいさんに見えたよ」と。いや、まだ四十一才、〝おじいさん〟はないだろうと思いながらも、そういえば子どもの頃「笑点」で見る桂歌丸師匠は、立派なおじいさんに見えていました。三十数年前だから、まだ四十代だったはずですが……。

現在、寄席などにはずいぶんと若いお客さまもいらっしゃいますが、落語というとご年配のかたの楽しみというイメージは根強いようで、老人ホームで落語をやってくれというお話を、ときどきいただきます。お客席の反応は、もちろん場所によってさまざまですが、ときにはまるで無反応、しゃべってもしゃべっても水を打ったように静まり返っていることもあります。

以前はそんな高座が耐えがたく、老人ホームでの仕事は辛いと思う時期もありました。ところが大きな考え違いだったらしいのです。後日、施設で働くかたにうかがったことがあります。

「背景も衣装もない落語を聞いて、皆さん一生懸命に想像力を働かせるんです。それに毎日、単調な生活リズムの中に落語の時間があるだけで刺激になる。そういうことが頭や身体にいい影響があるようで、ふだん夜中に何度もお手洗いに起きるかたが、朝までぐっすり眠れることも多いんですよ」

この話にはびっくりしました。以来、たとえ笑い声がなくても心を込めておしゃべりするようになり、ホームでの仕事も楽しくなりました。

ただし、こういう施設では心がけなくてはならない鉄則がひとつあります。

〝大きな声でゆっくりしゃべる〟

ということ。もう十年以上前、あるホームでの落語会。その日は私ひとりで1時間おしゃべりしてくれという依頼でした。私はほかの噺家より少々早口で、バカでかい声でもありません。そんないつもの調子でしゃべり始め、持ち時間を半分以上すぎた頃でした。百五十人ほどのお客席の最前列にいらした御婦人が私にむかって「あのォ」と話しかけてきました。もちろん落語の真っ最中、思わずしゃべるのをやめた私に、そのかたは「恐れ入りますがもう少しゆっくりと大きな声で……」とおっしゃいました。

「ああ、申し訳ないことをしたな。ではこの先は気をつけよう」と思ったのですが、女性の言葉には続きがありました。

「また最初からやってください」

するとこの要望に、今まで静かに聞いていた客席から大きな賛同の拍手が沸き起こったのです！

もちろんその日、私の労働時間は大幅に延長されることになりました。

# 「噺家ってヤツは……」

いよいよ八月にはリオデジャネイロ五輪が開幕、梅雨明けの夏空と同じくらい心待ちにしております。最近なにかとケチのつくことが多いオリンピックですが、選手の懸命な姿にはやはり心を打たれますから。

五輪といえば先日、史上最高齢での出場を目指していた馬術の法華津《ほけつ》寛《ひろし》さんが、リオ代表を断念したというニュースを知りました。御年七十五才、高齢が原因かと思ったら、諦めた理由が「馬の体調不良」。御自身は元気満々だそうです。ぜひ二〇二〇年、東京代表の勇姿を見たいものです。

私はスポーツ観戦が大好きなんですが、自分でやる方はとんと不得手で。高校時代在籍したバトミントン部では、運動神経がないうえに反射神経が鈍いものですから、飛んでくるシャトル（羽根）のスピードにまるでついていけませんでした。シングルスの試合では三年間を通じて一勝もあげたことがないばかりか、一ポイントも取ったことがありません。それでも退部しなかったのは、ひとえに同級生四人の仲間に恵まれたからです。くじけそうな私にいつも声をかけてくれました。

「お前がやめると、五人必要な団体戦のメンバーが足りないんだよなぁ」

十年程前、ほんのわずかな間、噺家の野球チームに所属していたことがあります。落語家の頭文字を取って名付けて「チームR」。皆、日頃の運動不足な身体にムチ打って練習を重ねては、漫才師のチームなどと対戦していました。まあ見るに耐えない泥試合でしたが、我がチームを率いる監督・三遊亭窓輝《そうき》師匠（私とほぼ同期です）はひとり気を吐き、盛んにヤジを飛ばします。楽屋でも毒舌がめっぽう面白い彼はグラウンドでも〝舌〟好調。ただし、問題がひとつありまして、敵にではなく、味方に鋭いヤジを飛ばすのが常でした。

さて窓輝監督は、この私——小学生のときソフトボールを断念して以来、ユニホームに袖を通すのは二十年ぶり——を、いきなりサードに指名したのです。采配は悪い方へズバリ的中。打球が飛んでくると逆方向へ逃げるわ、偶然ボールがグローブに入っても一塁への送球が覚束《おぼつか》ない。「ごめんなさーい」という大声もろとも投げた球は、はるか手前にポトリ。すかさず監督「コラー、声じゃなくて球を届かせろ！」。あっという間にライトへコンバートとなりました。

めったに球は飛んできませんでしたが、ぼんやりしているときに限ってフラフラとむかってきた浅めのライトフライ。あわてて前進し、見事グローブに納まった……と思った球が、どうすり抜けたのか股間を直撃。激痛に患部をおさえてうずくまる私の周りに集まってきた仲間が「この珍プレーは必然かな、それとも〝タマタマ〟かな」。噺家ってヤツはこんなときでも洒落てるんですよ。

# 「あ、お構いなく……」

『プルルル……プルルル……』

あァ、今日も客席で携帯電話が鳴ってるよ――高座で落語を演じながら頭の中で思います。客席でも「誰だ?」「電源切ってないのか?」「噺家が落語を忘れたらどうするんだ?」と、ちょっとした緊張が走るのがわかります。

『プルルル……プルルル……』

さて、どんなタイミングでどう処理しようかしら――なおもお喋りを続けながら、客席全体が携帯の鳴っている事態を認識した頃合いを見はからって、少しだけ脱線します。

『ご隠居さんに相談があるんですよ』

『今それどころじゃない、大事な電話がかかってきたから、ちょいと待っとくれ』

お客さまがワァッと笑う、その頃には大抵、音は止まります。

『さて待たせたね、相談てのは何だい?』

何事もなかったように続けると、客席には安堵と感心の入り混じった空気が広がります。

何も特別なことではなく、よくある落語会での光景です。携帯が普及しはじめの頃は内心驚いたり腹を立てたりもしましたが、人間にうっかりはつきもの。会場の雰囲気を損なわないように切り抜ける術を、場数を踏みながら会得しなくてはなりません。

それでも「着メロ」ではひどい目に遭ったことも。その日の客席は満員なのに、ちっとも笑っていただけなかったのです。シーンと静まりかえった中、汗をかきかきお喋りしていると着メロが――それもよりによって「笑点」のテーマ曲!

〽チャッチャラチャラチャラチャラ　スッチャ

チャッ　パフ……とたんに水を打ったようだった客席が大爆笑。落語より着メロの方がウケるのかと、心に深い傷を負ったものです。

携帯が鳴ってもほとんどのお客さまはその場でスイッチを切るか、そっとロビーへ出てお話しをするんですが、数年前ちょっと変わった体験をしました。場所は池袋演芸場――定員百人ほどの小ぢんまりした寄席です。大入りで客席後方の壁添いには立見のお客さまもズラリと並ぶ盛況、トリで高座を務めていると着信音です。「やれやれ、どう切り抜けようか」と思っていると、後方の立見の男性がセカンドバッグから携帯を取り出しました。小さな会場ですから距離にして4、5メートル、落語を喋りながらでもよく見えます。男性は画面を見るとひとつうなずき「もしもし」と、その場で通話を始めたのです。しかも遠慮してヒソヒソではなく、ごく普通の声量です。

あまりの想定外な行動に、私は絶句してその男性を凝視してしまいました。ほかのお客さまも振り向いて全員がそちらを見つめます。と、その視線に気づいたのか、男性が通話をやめ顔を上げると私とバッチリ目が合いました。わずかの沈黙ののち、彼はひとこと「あ、お構いなく続けてください」――いやいや、構うってば！　何事もなかったように話を再開したその人に無言のツッコミを入れました。

# 「それは僕のカバンです！」

最晩年に〝彦六〟を名乗った昭和の名人、八代目・林家正蔵師匠は、寄席に通う地下鉄の定期券を、ほかの用事で乗車するときには使わなかったそうです。「これは寄席へ行くためのものだ」と、わざわざ切符を買ったとか。芸風同様、律儀な江戸ッ子だったんですね。

現在は改札口にカードを〝ピッ〟とやるだけで便利なものです。名前が似てて覚えられませんが。キタカにイコカ、スゴカ、スイカにメロンにレモン……？　ところが急いでいるときに限って〝残高不足〟ってんで通せんぼ、あれは弱ります。

通るときにゴタゴタが多いのは空港の手荷物検査のゲート（保安検査）でしょう。お断りしておきますが、職員さんが安全のため、円滑な運航のために懸命に仕事をなさっているのは重々理解しているつもりの私はいつも協力的な姿勢です……けれどこんなコトもあって、というお話で。

「ライターを二個、お持ちですね？」ある空港でX線装置にカバンを通したら言われました。煙草のライターはひとりひとつしか持ち込めません。喫煙具の入った巾着袋をさぐるとライターは一個。「そういえば何日か前まで使っていた百円ライターが見当たらなくてこれを買ったんだ。カバンのどこかに紛れ込んでるみたいです」「確認が必要なので、お手数ですが取り出してください」言われて心当たりのポケットなどを捜したものの見つからず、詳しく調べるにはカバンをひっくり返して荷物を出さなくてはなりません。後方で待つ人の列も伸びています。

そこでふと「X線の画面にはライターが映っているんですよね？」「はい」「それじゃあカバンのどこにあるか教えてください」。するとその答えは意外にも「教えられません」「なぜですか？」「個人情報ですから」――思わず納得しかけましたよ。「そうですよね……いやいや、個人情報って、それは僕のカバンの中の僕のライターのありかという情報でしょ？　教えられないの？」「個人情報は……」「その個人ての は僕なんです」……話してるうちに『粗忽長屋《そこつながや》』という落語を思い出しました。他人の死骸を自分だと思い込んで抱き上げた男が言うんです。「抱かれているのは俺だけど、抱いてる俺は誰だ」……もうそんな感じ。

飛行機の時間もあるし、後ろの人にも迷惑なので、カバンひっくり返して捜したら、底の生地と底板のわずかなすきまに挟まってました。

「やれよかった」と思っていると「持ち込みはひとりひとつです。そちらは放棄していただきます」「あ……。預かってくれたり？」「できません。ただ、うしろのコインロッカーに預けてはおけますよ」……あのね、三百円払って百円ライターは預けないし、これから東京に帰るんだよ〜。もちろんライターを二個持ってた私が悪いんですよ、当然。でもさぁ。

# 「ピカッとひとつ光ったかと思うと……」

落語って、生きている噺家が、生きているお客さまにおしゃべりして楽しんでいただくもの——何を今更わかりきったことを、とお思いかもしれませんが、案外こんなお声をいただくことがあります。

「あなた落語家さん？　よく寄席に行ったよ、昔は」……今もぜひ来てください。毎日どこかでやってますから。そしてこんな声。

「昔の名人上手の音源を聞いているから充分。今の連中は聞けないね」……自分が精進しなくてはならないのを百も承知で、あえて申し上げますと「演者と聞き手が同じ空間にいてこそ落語が生まれる」のです。噺家はただペラペラと覚えた落語を喋っているわけではありません。同じ噺もその日のお客席の雰囲気に影響を受けて、少しずつ演じ方が変わるものです。だからこそ昔からある落語でも新鮮で楽しんでいただけるものになるんです。そしてそんなライブだからこそ思わぬハプニングも起こるものです。

二〇一四年の夏から秋にかけて、一ヵ月ほどの間で四人、私が落語を演じている最中に具合が悪くなるかたがいました。これは〝続出〟といっていい頻度です。三人のかたは周囲の皆さんが協力してそっと客席の外に運んでくださったので大事には至りませんでしたが、福井県のお寺での落語会では、気を失ったお客さまが座席から床に滑り落ちた音が「バターン」と、会場の本堂中に響き渡り、救急車が駆けつけて落語会は一時中断となりました。そのお客さまは病院に搬送されたので会は再開、短い落語をやり直してお開きになりましたが、気が気じゃありません。幸い翌日には回復されたと聞き胸をなでおろしました。翌年その会に再びうかがうと、すっかりお元気になって「お寺から病院に運ばれるなんてあべこべ、普通は病院からお寺に行くものなのに」というネタができあがっていて、こちらが笑わせていただきました。

　自然現象に影響を受けることもあります。八月の上旬、福岡県の能舞台で落語会に出演しました。屋内ではありますが、防音の設備はそう万全ではなく、開演直前から降り始めた雨の中、時折ゴロゴロという雷鳴が客席にも聞こえています。そこで選んだネタは「宮戸川《みやとがわ》」。幼馴染みの若い男女が、夜中の雷に驚いて思わず抱き合い結ばれる……という噺です。物語は山場にさしかかり『ピカッとひとつ光ったかと思うと』という科白を言ったとたん、外でひときわ大きな「ゴロゴロゴロズシーン」という雷鳴！　私が言おうと思ったまさにそのタイミングでした。あまりのことに客席から「おォ」という感嘆と拍手。落語は大いに盛りあがりました。

　終演後、皆さん口々に「いやァ、今日はあの雷がよかった」……そう、雷がその日の評判を一手にさらっていったのでした。

## 「芸人は高座で死ねれば本望だけど……」

今年（二〇一六年）は七月上旬まで「台風が発生しない異例の年」なんて言われていましたが、いざできてみるとかたっぱしから日本を目指しているんじゃないかと思うほど、次々にやって来ましたね。

八月二十二日、関東地方に台風が上陸した日は、上野・鈴本演芸場と池袋演芸場の昼席を務めるのが私の予定でしたが、朝から「今日の寄席は休みかもしれないな」と思っていました。というのは、毎日興行している寄席はほかの落語会のような前売券がなく、すべて当日券なのです。テレビの気象情報などではずっと「よほど大事な用がない限りは外出を控えてください」という注意が流れていました。たとえその日に寄席へ行く予定をしていても「また別の日にしよう」と思うはずです、正常な判断力があれば。

ところが待てど暮らせど休みの連絡がないので、横なぐりの大雨の中を楽屋入りし、働いている前座に「お客さんひとりもいないんじゃないか？」と尋ねると「そんなことありませんよ」という返事。出番が来たので高座へあがったら、なるほどおいででしたよ、座席数三〇〇の鈴本演芸場に十五人ほどのお客さまが……。ありがたいものです。毎度申し上げますが我々の稼業はいくら立派なことをしゃべったって、お客さまが来てくださらなければしょせんは独り言、こんな悪天候なのにと嬉しさがこみ上げました。しかし三〇〇の会場に十五人、拍手もまばらです。それでも皆さんが一カ所に集まって座っていてくださると〝あの辺にむけてしゃべろう〟という目標があり、お客さまも集団になるため笑いを起こしやすくなります。ところがおひとり

おひとりが充分以上の間隔をとったバラバラの状態、まるでお赤飯にほんのひとつまみの胡麻塩をふりかけたような眺めです。「こりゃあ笑っていただけないな」と、半ばあきらめてしゃべり始めると、どうでしょう。ちょっとしたことにもワァッという笑い声！　自分の落語が急に上手くなったのかしらと勘違いしかねないほどでした。どうやらお客さまも出演者も、嵐の中をやっとの思いで寄席にたどり着いて異常な空間を共有しているという気持ちが、妙な連帯感を生み出したようなのです。

　その後お務めした池袋演芸場にいらっしゃった十人程のお客さまも陽気でした。それにしても池袋は二十年ほど前、私が前座だった頃は、とてもいい天気なのにお客さまがひとりしか来ないなんてことがまれにではなく、たびたびあったものです。それがこの台風直撃の日に十人以上、隔世の感があります。

　ただ、お越しいただくのは本当にありがたいのですが、行き帰りで何かあったらと心配にもなります。寄席というところ、芸人は高座の上で死ねれば本望なんて言いますが、お客さまはけっして命懸けでおいでになるところじゃありませんからね。

# 「警部さんのルックスでも――」

落語を演じる場所は毎日興行している寄席や、ホールでの落語会ばかりではありません。そば屋さんや居酒屋さんのお座敷に地域の公民館、学校の体育館での公演などさまざま。そして時には落語会ではなく、会合やパーティーの余興のひとつとして落語を演じることもあります。

先日は千葉県某市の警察のお世話になりまして……って、イヤ、そういう意味じゃありませんよ。地域のかたへの啓蒙《けいもう》活動を目的とした集まりです。私のコーナーは約40分、「落語で高めよう防犯意識」というタイトルです。……まあ噺家を呼ぶにも大義名分が必要なのは理解できますけど、落語なんて根本《こんぽん》が「人間そんなに真面目に生きなくたって」とか「失敗してもいいんだよ、人生は」程度のゆる〜いもの。前向きなメッセージを発する訳でもなく、間違っても防犯意識に訴えることはありません。しかも担当のかたからの注文は「防犯のために泥棒の噺をしてください」という、もはやカオスな様相。泥棒ネタって、間抜《まぬ》けな盗人がしくじる話ばかりで、聞いた人は〝こんな泥棒ばかりなら大丈夫〟と逆に油断しかねません。

さて、私の出番の前に生活安全課の警部さんがお話をしました。名前は出せませんがこの某市、県内でも特に振り込め詐欺や還付金詐欺が多いなっしー！　……コホン、多いそうです。これが堅苦しい話かと思いきや、面白いったらありませんでした。私と同い歳というこの警部さんの風貌は、アンパンマンの側頭部にうっすら毛を生やしたようなゆるキャラ感満点。ご自身の母上に振り込め詐欺の電話がかかってきたそうです。職業柄、日頃から口を酸っぱくして注意を促していたものの、お母様は実際電話があり「もしもし母さん？　オレ、オレだけど」というひと言に「あァ、〇〇（警部さんのお名前）かい？」「そう、〇〇」と定石どおりに聞き出され、「風邪で声がおかしい」「携帯電話を紛失したから違う番号からかけた」という常套句から「浮気相手の女から職場や女房にバラすと脅され、相手の弁護士が200万円で示談にするが、今日中に必要なんだ」「大変だ、すぐ振り込むよ」と、教科書に載せたいくらい典型的な騙され方をしたそう。

　幸いなのは母上、あまりに慌てたので〝携帯をなくした〟という犯人の言葉を忘れて、ちょっと確認したいことがあると息子さんの携帯に電話をかけたために、銀行のATMの目の前で詐欺とわかって未遂に終わったのです。

「しかしねぇ」と警部さん。「警官の私が女を作ったとすんなり信じるなんて。ショックでしたよ」と、自嘲気味におっしゃいました。

いやいや、警部さんのルックスでも浮気できる甲斐性があると信じた母上の親心は素晴らしいじゃありませんか――アンパンマンそっくりの彼の横顔を見ながら、私はそう思ったのでした。

# 「〝生さだ〟を〝生で〟見られるラッキー！」

初めて鳥取県での仕事の依頼があったのは二十年前、噺家歴四年目でした。しかし会まであとひと月程に近づいた頃、中止の連絡。理由は衆議院の解散・総選挙で会場が当日は投票所になるから——以来十数年、気がつくと鳥取は四十七都道府県で唯一、仕事でも私用でもその地を踏んだことのない県でした。

二〇一三年春に四十七日連続独演会で、四十七都道府県を四十七日間で駆け抜けるツアーを自ら企画、実行したのも「鳥取県に行く」というのが大きな動機のひとつで、その年は境港市、翌年以降はご縁があり、二年続けて倉吉市で独演会をやらせていただきました。

二〇一六年も十一月下旬に開催が決まっていましたが、そのひと月前、十月二十一日に県中部を震源とする大地震が起き、震源に近い倉吉も皆さんご存知のように大きな被害を受けました。亡くなったかたがいなかったのは不幸中の幸いですが、とても落語会どころではなく中止だろうな、しかし会までひと月ある、心に少しでもゆとりが生まれているならば笑っていただくのも悪くないかもしれない……。そう考えて世話役のかたにご相談したところ、「やりましょう」とのお返事。そんな時期の開催は大変なはずですが、娯楽がより必要でもあります。プラス・マイナスを考慮してプラス面の方が大きいというご判断だったのでしょう。いつも以上に身の引き締まる思いでおじゃますることになりました。

さて、倉吉の前日は兵庫・西宮での独演会、翌朝倉吉入りするために、夜のうちに鳥取市まで移動できるのでそこに宿泊することになっていました。その晩偶然、ＮＨＫの深夜番組『今夜も生でさだまさし』が鳥取から生放送だといいます。落語にひじょうに造詣の深いさだきんと、私も多少お付き合いさせていただいているので「同じ町で放送を拝見しますから」と、移動の列車からメールを入れました。すると「よかったらHNKに来るか?」というメール。〝生さだ〟を〝生〟で見られるなんてラッキー、と思ったら続きに「着物は持ってるんだろ?」……え? と思ううちバタバタと話が進んで、放送開始30分前にNHKに着き、すぐに着替えると番組中3分で落語を一席演じる——思いも寄らない展開となったのです。

翌日の会は、前売完売だったお客さまのほとんどが元気にお越しになっただけでなく、昨夜の番組を見て、どうしてもとおいでくださったかたに補助席を出す盛況。街の顔、白壁土蔵をはじめ、多くの建物などの被害が回復途上の中での皆さんの大きな笑い声に、人間の強さ素晴らしさを痛感しました。

東北も折々おじゃましますし、この正月には熊本も震災後初めてうかがいます。私は皆さんを励ましたり勇気づけたりなんかできません、好きな落語を心を込めて喋るだけです。でもそれができたとき落語には大きな力が宿ると信じています。結果、落語を聞いた方々の心に元気の火が灯ったら最高です。

# 「どうしても寝ておきたいのに」

「飛行機内の放送で聞きましたよ、三三さんの落語」

ごくたまに出させていただくだけで結構そんなお声がかかるので、やはりいつ、どこの高座も気を抜いちゃいけません。

ただ、私自身は機内放送の落語はおろか、イヤホンさえ手にしないことがほとんどです。飛行機に乗ると異様に眠くなるタチで、飛び立つ前には意識が遠のき、ガクンという衝撃で目を覚ますと目的地の空港に着陸したところ……だいたいこんな感じです。機内で読もうと思った本も、聞こうと思ったCDもそのまんま。書き上げようと思っていた当連載の原稿は一文字も進まないのです。

どの世界でも〝できる人〟は時間の使い方がうまいと言われます。列車や飛行機の移動は大事な作業時間になる、なんてうかがいます。ただし、ちょっと度の過ぎた人に出くわすことも――。以前、新潟でのお仕事で上越新幹線を利用した折、大物政治家と同じ列車になり、取材のため同行した大勢の報道陣も乗り合わせました。前の席に座った記者さんが終点までずっとパソコンのキーボードを操作しっぱなしだったその音の凄まじいこと。「カタカタ……カタ」なんて生やさしいものなんかじゃなく「ガチャガチャッ！　ガッガッガチャ！」よほど締切りに追われてるのか、はたまたイヤなことでもあったのか……。ピアニストがリストの超絶技巧曲を弾くような鬼気迫る形相に、周囲も注意するのを皆ためらってしまいました。できる人はまわりの人々への配慮もちゃんと〝できる人〟であってもらいたいものです。

さて、〝できない人〟の私、数日来のハードな移動と仕事、それに加えて深夜におよぶお付き合いもあり、東京から新大阪への新幹線は少しでも寝ておきたいと目を閉じていました。何しろその日は昼夜で合計六席、4時間も落語を演じるスケジュールになっていたのですから。ところができない私は、ふだんならほっといてもやってくる眠気すら操ることがままならず、なかなか寝られません。熱海から三島をすぎた辺り、ようやくウトウト……「あァ、これで眠りに落ちるな」と思ったそのとき、軽やかなチャイムと共に車掌さんの「皆様、今日は富士山が一際きれいにご覧いただけます。雲ひとつない素晴らしい眺めをお楽しみ下さい」という朗々としたアナウンス。今まで何十回となく新幹線に乗りましたが初めてです、そんな放送。いや、確かに車内あちこちから歓声やため息、シャッター音が起きるほど見事ではありましたが。どうしても寝ておきたい今日に限って……。

ま、そんなうまくいかない日々も、高座でおしゃべりしてお客さまに楽しんでいただけると、しっかり元は取れるので〝できない男〟もまんざら悪いことばかりじゃないですよ。

# 「オチがなくてもいいじゃない」

一月下旬は「新春寄席」の公演で、九州の福岡、長崎、熊本へおじゃまするのがここ数年の恒例になっています。もともとは立川談志・先代三遊亭圓楽の両師匠に、わが師匠・柳家小三治を加えた三人会として発足して以来、日数、場所、出演者に変遷がありながら三十数年継続し、今年は小三治を座長に柳家喬太郎師匠と私という三人会でした。

どの会場にも大勢のお客さまがお越しくださり、大いに笑っていただきました。ありがたいという思いは日本中いずれにうかがっても等しいものですが、今年（二〇一七年）の熊本公演はやはり特別な思いがありました。二〇一六年四月の大地震と大きな被害は、その三ヵ月前の新春寄席のときには想像だにできないものでしたから。

震災以来はじめて訪れた熊本でとりわけ気になっていたのが天下の名城であり、街のシンボルでもある熊本城でした。見事な石垣や数々の櫓《やぐら》に塀、中でも深い空堀からそそり立つ高石垣の上に聳《そび》える宇土《うと》櫓の美しさは、城好きの私にとって全国の城郭でも三本の指に入る眺めなのです。公演前の限られた時間ではありましたが一年ぶりに行ってみた熊本城は、中心部の本丸をはじめ大部分が現在も立入禁止でした。城内にある加藤神社の入口付近、空堀の外側から見る宇土櫓は壁にひびが入り、心なしか傾いているようでありながら健気にもちこたえています。

しかし城内は至るところで石垣が崩れ、塀が倒れ、遠くから眺めることしかできない大小の天守閣や櫓の被害も甚大で、昨年も一昨年も心弾ませながら歩きまわったときとのあまりの変わりように涙を堪えることができませんでした。城を震災前の姿に甦らせるには気の遠くなるような年月と費用が必要だとうかがい茫然としてしまいました。

それでも何とか活力を取り戻してくれればという気持ちからでしょう、大勢の観光客がお城を訪れていました。外国からのお客も少なからずおいでだったのは嬉しく、心強いことでした。そしてボランティアなのでしょうか、城の歴史や構造、震災での被害を説明しながら観光客のガイドをする方々の言葉は、お城への誇りと愛があふれています。さらに立入制限箇所の警備員さんも皆、表情や口調が親切で、つっけんどんなところが微塵もないのが印象的でした。

街の中は落語会場が変更を余儀なくされたりと影響もあり、まだまだ大変なご苦労をしながら日々を送るかたも多いはずです。しかし長く険しい道でも必ず復興するんだという空気がひしひしと伝わってきましたし、皆さんの心の中にその象徴として熊本城があるんだと感じられました。

え？　今回の話には笑いもなければオチもないじゃないかって？　たまにはそんなことがあってもいいじゃありませんか。何より熊本城が話題の中心です。城は落ちないほうがいいに決まっていますから。

# 「落語家、演劇の舞台に……座る」

二〇一七年二月は演劇の舞台に立つという、初体験の機会をいただきました。とはいえ、純粋にお芝居をしたのではなく、役者さんは演劇で、私は落語で、ひとつの物語の世界を描いていくという形でしたから、正確には舞台に〝座って〟いたのですけれど。

稽古開始のときからほぼ全ての時間をご一緒させていただきました。稽古場や本番舞台の終了後〝バラシ〟と呼ばれる撤収作業も役者さんともども参加して「噺家も扇子より重い物を持つんだねぇ」なんてからかわれながらお手伝い……というよりは足手まといだったかなぁ。まあとにかく手間と人手のかかるものですね、演劇は。役者以外にもセットや照明、音響その他、裏でもさまざまな仕事に大勢の人が携わっています。というより、役者は〝演じる〟というひとつのセクションの専門家で、それと等しい重みを持った各部門のプロフェッショナルがベストを尽くして作品が成り立っているという感じでした。落語会も、もちろん落語家だけではできないものですが、より多くの時間と人数が関わっていることに驚かされました。

さて、そんなこんなで長い時間ご一緒して、演劇と落語のいろいろな共通点や違いを体験したんですが、つくづく感じたのは芝居は舞台に複数人数がいて、落語はひとり……逆に言うと役者は〝一人〟の役だけを演じ、落語家は〝全員〟の役を演じるということ。何を今さら当たり前のことを、とお思いかもしれませんが、演劇部分の稽古を間近で毎日じっと見ていて、〝役者は相手の言うことをホントにちゃんと聞いてなくちゃいけないなァ〟と思ったんです。これは私ばかりの感想じゃないんですよ。実際にお芝居に役者として参加した経験のある先輩の落語家が何人も「相手がしゃべってる間、何をしてたらいいかわからねぇ」と言っていたのを覚えていますもの。

初めてですから失敗もありましたよ。物語の流れの中で舞台に出たりひっこんだりするんですが、キッカケのセリフを聞き落として出るのが遅れたり、決められたところと違う方向へひっこもうとして慌てたり。マイクは耳に針金をひっかけて、こめかみの横に小さな物がセットされる形状だったのですが、何日目かにアドリブで耳をふさぐという稽古時に一度もやったことのないしぐさをしたところ、手の平がマイクにおもいっきり触れてしまい、音響の人にこっぴどく小言をくらいました。何しろスピーカーからマイクを叩く〝ボン〟という大きな音がしちゃいましたからね。

最大の失敗は最終日、寒かったのでいつも履くサラシ生地の足袋《たび》ではなく、ネル素材の暖かな物を使ったこと。一席終えた私が舞台転換のため数十キロあるセットをひとりで押して移動させるのですが、足袋がツルッツル滑って動かないんです！ びっくりして汗をかくやら、自分の間抜けさ加減に笑いが止まらなくなるやら……。これが本当の〝足袋〟の恥はかきすて——という一席。

# 「身近にあった思わぬ名所」

日本各地の観光名所。有名過ぎたり身近過ぎたり、案外足を運ばないことってありませんか？　東京に四半世紀近く住んでいる私、かの東京タワーに初めて登ったのはほんの二年ばかり前です。

さて、先日は大分市におじゃましました。別府・由布院などの温泉や観光の街とは違いますから、全国的に名のとおった観光地、うーん、強いて挙げると猿で有名な高崎山自然動物公園くらい……いや、遠く離れた関東者のざっくりした感覚ですから怒らないで。えーと、こういうときは、そうだ！

「意見には個人差があります」

これでよろしく。高崎山もシャーロット命名とか、話題は事欠かないけれど、わざわざ東京から大挙して押しかけは……あの、「意見には個人差があります」

私がおじゃましたのは日曜日の、珍しく夜公演だったので午後の空き時間をなんとなくつぶせたら、くらいのつもりだったのです。

結論から言っちゃいますが、面白い！　予想を上回るというより、想像すらしなかったギャップと驚きに満ちていました。まず動物園のロケーション。高崎山というのは結構急な高い山で、私はてっきりそのてっぺん辺りに登って猿に会うと思っていました。ふもとにケーブルカーのようなモノレールのような乗り物〝さるっこレール〟乗り場があります。往復チケットを買って乗り込むとアナウンスが「猿のいる所まで乗り物だと約3分」ふむふむ、随分スピード出すんだなと思っていると「徒歩で5分です」……え!?　謎のまま出発した〝さるっこレール〟の遅いこと。三才くらいの子どもが横の登り坂を小走りで追い抜いてゆく程です。3分程で着いたところは……ほぼふもとです。往復で券を買った私は軽いめまいを覚えました。

禅宗の修行場だというお寺の境内が園になっており、多いときは数百頭の猿(野生なのだそうです)が職員さんの撒くエサを食べにやって来て見る人を楽しませてくれます。

しかし最高に面白いのは、猿の生態を解説してくれる女性職員さんのマイクパフォーマンス(?)。人間社会になぞらえるように判りやすく語られるその話が彼女の主観丸出しです。オス猿の間に厳然と存在する序列(しかもひと目で猿の名前と順位を言えるのです)のことは穏やかに話しますが、メスの集団を〝婦人会〟と呼び、そのリーダー格を「この女は順位の高いオスと次々に関係を持って今の地位を手に入れたのよ！　ホラ、性悪が顔つきにも表れてるでしょ」。このメスに彼氏を寝取られたんでは、と邪推させる程の口ぶりです。日曜ですから子ども達も大勢聞いています。親御さん達が慌てて子どもの耳をふさぐから「聞かザル」の形です。

身近にも思わぬ名所があるかも知れませんよ。「意見には個人差があります」けどね。

# 「おお、こいつが犯人か！」

近頃めっきり本を読まなくなりました。以前から人に誇れるような読書量ではなかったのに、さらに減ったのです。理由のひとつに落語に費やす時間が増えたことが挙げられます。

あ、なんか立派に聞こえてしまうので慌てて説明します。落語家は自分の持ちネタを、いつでもどのネタでも演じられる訳ではありません。例えば私がこれまで手がけたことのある落語は二百七十種類ほどですが、今すぐ高座で演じられるとなると二、三十席です。そのほかのネタは数日から数週間かけておさらいしなければなりませんし、新しく覚える噺もまだまだあります。以前は新しく覚えるのでも一、二日、おさらいなら当日の出番寸前に数時間集中すれば何とか乗り切れたんです。今はいけませんね。ここ数年で物覚えの量やらスピードやらがぐっと落ちまして、前と同じ準備の仕方ではエラい目に遭います。私たち噺家が高座でカンニングペーパーを見たり、ましてや横にプロンプターが座っていて、耳打ちされながら演じているなんて、こんな情けない姿はありませんからね。

それでも高座でふっと次の言葉が出てこないなんてことは時々あるものです。人間だもの(みつを風に)。お芝居ならば共演者がそれを悟ってとっさに穴を埋めてくれる、ということもあるでしょうが、ひとりで演じる落語家は人の助けは期待できません。さあ、どうする？　こんな場合の格言に「忘れたときは客席を睨め」というのがあります。「あ、続きが出て来ない、どうしよう」という動揺が顔や態度にも表れてオロオロするようではお客さまにもそれと知られて妙な雰囲気になってしまいます。そういうときこそぐっと落ち着いたふりをして、余裕たっぷりな風情でぐるりと客席を見渡し、その間に思い出したらゆったりと続けるんです。そうするとあとでお客さまに「いい間でしたね」なんて言われることもあるくらい。経験というのはごまかしかたも上達させてくれるものです。

　さて、年々ひどくなる物忘れも悪いことばかりではありません。読書でいえば〝同じ本を何度も楽しめる〟という思わぬメリットを生み出してくれました。もちろん一冊の本をくり返し読めば読むほど新しい発見があり、深く理解してゆくという楽しみかたは私も体験しますが、それよりもっと根本的に、読んだ内容をすっかり忘れるんです。だから以前読んだ本をまるで初めて手に取ったように新鮮に味わえるという斬新な楽しみです。ミステリー小説などは謎やトリックが判ってしまえば再読する気はあまり起きませんよね。私は何度も「おお、こいつが犯人か！」なんて驚くことができる。新しく本を買うことが減って、とても経済的です。

しかし内容どころか買ったことすら忘れてしまうのがさらに問題なのだと、部屋になぜか京極夏彦さんの「姑獲鳥《うぶめ》の夏」が三冊あるのを見ながら思い至っているのです。

# 「もしも世界征服をしたら……」

「お城が好きです」――声を大にして宣言する機会もあまりないのですが、ひたすら黙っているのも癪《しゃく》なのでたまーに言うことにしています。

おそらく小学生時分に少々歴史に興味を持ったとき、生まれ育ったのが城下町・小田原だということに勝手に運命めいたものを感じたのがルーツかと。生家から歩いて十五分ほどで行かれる小田原城は随分歩き廻りましたし、遊び場だった裏山の地面の凹凸が、実は空堀と土塁だったと知ったときの興奮というのは特別なものでした。

小学六年生の夏休みには、父にねだって姫路城へ連れて行ってもらいました。日帰りだったとはいえ、半日かけて見学した思い出は強烈に残っています。とはいえ、その頃魅力的で行ってみたい城郭は西日本に多く、小学生の小遣いでは厳しい上、基本的には屋内で遊ぶのが好きな性格でしたから、お城というのは写真をながめ、書物で知識を得ては「いつか訪れてみたい」と、憧れを抱くだけのものでした。

その後は子どもの常でほかのことに興味が移り、噺家になって日本各地へ行く機会があっても下積みの身ですから師匠方のお供、好き勝手に城見物をするわけにもいかず、お城への熱は冷めたままでした。ところが真打に昇進して多少自由がきくようになると、またぞろ昔の気持ちがうずき始め、仕事でおじゃました街の近隣にお城があればこれ幸いと訪ねて歩くようになりました。

さて、最近になって気づいたのは、城好きが少々嵩じた人間と、そうでない人の間には〝お城〟というものの定義に若干のズレがあるということです。ある土地へうかがって城跡があるから行ってみようとすると「お城なんかないから行ったって面白くありませんよ」と止められることがあります。「いやいや、立派なお城じゃありませんか」と私が言うと「でも堀と石垣だけで……」

どうやら世間一般では〝お城〟というのは〝天守閣〟を指すらしいのです。堀と石垣、いや、戦国時代のお城では石垣だってないものも多く、建物など一切残っていなくても充分にロマンと想像力をかき立ててくれるお城は沢山ありますし、逆に昔はそのお城に存在しなかった天守閣を「観光名所にしよう」なんて動機で〝新築〟された方が幻滅です。私は偉くなりたい、出世したい欲はないんですが、〝もしも世界征服したら解体を命じたい天守閣（風建物）リスト〟を、胸の中に密かに作成しています。そのかわり密かにもおおっぴらにも世界征服は企てていません。

とはいえ天守閣が街の人々のシンボルや誇りになっているなら、たとえそれが史実にもとづかないとしても素敵なことだとも思います。ちなみに我が故郷の小田原城は二〇一六年のリニューアル後、すでに百万人のお客さまが来てくださったとか。すごいなあ、豊臣秀吉に攻められたときだって二十万人だったのに。

# 「始まれば終わる→夏休み」

子どもの頃は夏休みが嫌いでした。いや、正確には休みのあいだ、ほとんどの時間は楽しかったんです。キャンプ、プール、花火や虫捕り……。ほかの季節にはない誘惑にあふれていました。じゃあ何がいやなのかというと、その楽しい夏休みが一日、また一日と減ってゆくことなんです。

まあ、ネガティブ思考の人にはありがちなコトで、ある程度ご理解いただけるものだと思います。ただ厄介なのは私の場合、この〝減ってゆく不安〟が夏休みの始まる前から頭の中を支配する、ちょっと強烈なものだったのです。七月に入り夏休みが近づくと、ほかの子ども同様ワクワクはするんですが、それと同時に「夏休みは始まれば終わる」→「始まりとは終わりへのカウントダウンがスタートすることだ」→「〝終わりの始まり〟である夏休み初日が近づいている」→「今はそのカウントダウンが始まっている」……こんな思いがむくむくと頭の中にわき起こり、不安と絶望に小さな胸を痛め、その不安は一学期最後の日、つまり夏休みの始まる前日の晩にピークをむかえます。「明日になれば〝終わりが始まってしまう〟」と!!

で、夏休みに実際入ると、始まる前に不安になりすぎた反動のように遊び呆け、八月三十一日に宿題の山を前に立ちつくす……。今書いていても、どうにも面倒くさい厄介なガキンチョですなぁ。

そんなどうしようもない三三少年は、小学六年の冬頃から以前に増して落語にのめり込み、ついに中学一年生の夏休みに東京の寄席へ足を踏み入れます。昭和六十二年八月二十日、場所は浅草演芸ホールでした。流石に田舎町・小田原の純朴な少年ですからひとりじゃ行けません。父に頼んで演芸ホールの前まで連れて行ってもらい「終わる時間に迎えに来る」という約束で中へ入りました。

　映画館より照明は明るいのですが、活気という面でははるかに劣り、かといって世間に完全に背を向けて危険な匂いがプンプンするほどの拒絶感はない。なんとも煮えきらない、擬音で表せば「トローン」とした空間でした。出演する芸人も、それを見ているお客さまも、ピリピリと緊張感あふれるでもなく、だらけ切って生気がないでもなし、なんとも適当な温度と距離感で時間が流れてゆくのです。

　その日の出演者と演じたネタは今でもほとんど全部記憶しています。中でも「初天神」という子どもが主人公の噺を演じた柳家小三治という人に大層興味をひかれました。ほかの出演者とまとっている空気が違うというか、いつのまにかその人の世界に包まれてしまうというか。またそれが居心地のいい空間なのです。この日に「落語家になる」なんて決意はしませんでしたが、以降は小三治目当てで寄席や落語会に通うことになりました。

　あるインタビューで「今の師匠を選んだ決め手は？」と問われ「フィーリングです」と答えたら「合コンか⁉」と笑われましたが……ほかに答えようがないんですよね。

# 「わっしょい　わっしょい」

世間のみなさんがお休みのときが働きどきの芸人稼業、大型連休に家族旅行なんて……私の場合はないですねぇ。考えてみれば子どもの頃から、特にゴールデンウィークに出かけた記憶がありません。というのは地域の神社のお祭りで、ひたすらお神輿を担いでいた思い出だけなのです。つまりわざわざ出かけなくても、すばらしく楽しい催しがあったということです。

日本全国、その土地その土地でさまざまなお祭りがあり、地域の楽しみとして、誇りとして親しまれています。私の生まれた街の祭りも、よそから見ればとりたてて特徴のあるものでもありませんでしたが、そこに住む者には特別で、そして当たり前のお祭りでした。今思えばお神輿を担ぐ〝かけ声〟が、大層のんびりしたものでした。「そいや　そいや」とか「わっしょい　わっしょい」というかけ声が関東近辺だと多いのでしょうか？　詳しくは存じませんが……。わが故郷の神社のお祭りは「よいーさー　こらーさー」という声を、ごくのんびりと発していました。比較すると、

そいや　そいや　そいや　そいや
わっ　しょい　わっ　しょい
よい　ー　さ　ー

ね、ひと声が「わっしょい」の倍、「そいや」の4倍の長さなんです。

さて、ここ数年は夏の恒例として、青森市のねぶた祭に参加しております。四年前に仕事で青森へ行ったおりの空き時間、青森駅前のねぶた資料館「ワ・ラッセ」に入り、そこで

熱心に、あまりに熱心にねぶたの魅力を語る案内係のお姉さんの姿に「一度見てみたい」と、その年の夏に初めて訪れたのです。いやそのねぶたの素晴らしいこと！　皆さんの熱気のすごいこと！　今ではご縁もあり、跳人（はねと）といって、「ラッセラー」のかけ声とともに跳ねて歩く、まさに〝参加者〟にもなっています。これも笠や腰巻、帯にたすきなど〝正装〟の基準を満たしてようやく加われるものなんです。跳ね方は片足二回づつ、右で〝ピョン　ピョン〟左で〝ピョン　ピョン〟……両足を着くときがないんですよ！　当然、長時間続けることはできません、休み休み……それでも翌日、いや歳だから翌々日は、ふくらはぎがパンパンで、日頃の運動不足を痛感するというヤツで。

　今年（二〇一七年）は幸運なことに仕事の都合で、博多祇園山笠のクライマックス「追い山笠」を見ることができました。七月十五日の早朝4時59分から山笠が次々に櫛田神社に突入し、その後5キロの街中のコースを水を浴びながら疾走する——これも大迫力でしたよ！　そのための体力づくりらしいのですが、中洲の繁華街を夜な夜な、法被に締め込み姿、つまりお尻出した威勢のいい男たちが隊列組んでジョギングする——これはビックリな光景でしたわ……。

# 「ガラケーには冷たい……」

携帯電話の調子が悪い。

　正確には電池の充電能力が著しく低下し、朝は満タン（こんな言い方をするのかしら……？）でも、保って夕方まで、仕事などで少々使い方がはげしいと2、3時間でピーピー鳴きながら〝充電してください〟などと弱音を吐く。それも無理のない話、今の電話機を購入して以来五年弱、電池パックとやらの交換をしていないのだから。周りからは〝今でも使えるほうがすごい〟と、我が愛機はお褒めに授かっている。電池の交換くらいは考えたのだが、携帯電話のショップというのは何故あんなに時間がかかるのだろう？　待ち時間や手続きで3時間はザラ……そう考えるだけで足を運ぶ気が失せる。

　いつもの〝ですます調〟も忘れてこんな愚にもつかない文句を並べるくらいだから、言わずと知れたガラケー派の機械音痴です。できればケータイそのものを持ちたくないんですが、世の中全体が携帯電話を持っていることを前提に動いている以上、仕事にも支障が出かねません。まぁ、長いものには巻かれろというヤツで必死に追いすがっているつもりだったのですが、近頃はスマートフォンとやらを中心に世の中が推移しているようで。これはもう無理です。何がって、まず全体が画面でどこを持ったらいいか判らないんです。指が画面の端にちょっとでも触れるとクルッと違う画面になり、元に戻すのがどうしたらいいかまごまごするばかり。かと思えば「ここを押したい」と思ったところは反応せず、なぜか隣の数字やマークが光って反応するので、思い通りの操作ができない――何度か知り合いのスマホをさわらせてもらったときのお決まりの現象です。そういえばエレベーターでも、ポチッと押し込むのではなく、触れると光るタイプのボタンでは反応してくれないことがたまにあります。「生命力が弱いんじゃない？」友人の見解です。大きなお世話と聞く耳は持ちません。

最近、仕事上の都合でどうしても〝ライン〟というものを始めざるを得なくなりました。なんでも会話をするように文字でポンポンやり取りができて、大勢のグループで会話もできて、しかも無料だとか。ふむふむ、気乗りはしなくてもなかなか優れものじゃないかと思ったら、これはまるでスマホ前提、ガラケーには冷たい代物でした。電話もラインで、とか動画再生とか、画像の拡大とか、ガラケーでは使えない機能がわんさかあり、リアルタイムで更新されるはずの会話もガラケーではいちいちこちらがボタン操作をして確認が必要です。そして何よりラインに接続するために一度iモードにつなぐ……つまり有料なのです。

なんで世の中こんなに急いで進歩、進歩って追いたてるんでしょうねぇ？ 黒電話だけだった時代は遠い過去。コードレスだ、携帯だ、スマートフォンだ……考えてみりゃ早い訳です、昔から「電話（善は）急げ」ってくらいですから。

# 「測定不能の〝C〟マーク」

子どもの頃から目が悪い。

これは誠に困ったことです。自分の身体のほかの部分に別段不満はありません。え？　顔の造作？　今さらイケメンになったところで使い道がわからないから結構です。ただひとつ、視力の悪さは実生活に随分支障があります。私の場合、相当に度の強い近視と、やはり強度の乱視があいまっているらしく、裸眼だと何もかもぼやーっとして、世の中の輪郭という輪郭があいまいになり、師匠や親とすれ違っても気づかない自信があります、なんて威張ることではないんですが。

小学校三年生のときから眼鏡をかけるようになりました。初めてのレンズ越しの景色ははっきり覚えています。いま思えば少し度が強かったのでしょう、思っていたより全てのものが少し小さく、遠くにあるように見えました。特に足元を見ると地面が遠くて歩くのが怖い、数日間はそんな感覚が続いたものです。九歳で眼鏡になったコンプレックスはかなりのものでした。ただでさえ丸顔の坊主頭、おまけに小太りで運動音痴でしたから、そこに眼鏡が加わって〝ガリ勉君〟に見られやしないか。小さな胸を人知れず痛めておりました。その反動なんでしょうか、高校生のときにコンタクトレンズに変えると、なんだか自分が〝イケてる人間〟のように勘違いしまして、急にオシャレに気をつかってみたり、髪の毛を茶色に脱色(しかも昔なつかしい？　オキシドールを使って)してみたり。思い出すたびに赤面せざるを得ないホロ苦い記憶です。視力の悪さも相変わらずだった、というよりその頃には更に度が進んでおりまして、学校での視力検査は裸眼が〝測定不能〟とされたこともあります。一番上の大きな「C」マークの向きが判らないどころではなく、「はいコレは？」と言う先生の声は聞こえるもののどこを指しているんだか……。細い棒の先が見えなかったんです。

現在は使い捨てタイプのソフトコンタクトレンズを、朝起きたときから夜眠る寸前まで、常に装着しています。レンズを外したとたんに視界がぼやけて気持ちが〝スイッチ・オフ〟になってしまうからです。落語を演じるときももちろん外せません。お客さまの顔が見えて〝笑ってくださってる〟とか〝飽きられてる〟と、確認したくなる、気弱な性格で。

さて、そんな強度の近視ですからモノを見るには近づけりゃいいと思っていたんですが、最近ちとおかしいんですなァ。なんか近いモノが見にくいというか、焦点が合わないといいますか。原稿を書くにもペン先がぼやけて思った字が書けない。試しにすこーし離してみたら……。あら見える！　そう、立派な老眼でした。もっと困るのは離しすぎると近眼のためにまたぼやける、焦点の合う範囲がとても狭いんです。仲間に言わせると「ピント外れは昔から」だそうですけれど。

# 「二〇一七年台風ダイアリー」

「もっている人」と「もっていない人」。世の中には確かに存在するようです。大事なときに必ず運がめぐってくる者と、いざというときにことごとく不運に見舞われる者と。信心とは縁遠い私でも、何かの力やめぐりあわせを感じないではいられません――。

かく言う私は「もっていない」側。福引き・懸賞・宝くじ、いわゆる〝当たり〟を経験したことがありません。

で、運が悪けりゃ悪いで、とことんまで不運の連続ならばそれはまた芸人として「あり」なんです。ところがそうでもない、いわば「フツー」という一番ネタになりにくい存在なんです。

今年(二〇一七年)の秋は台風がなかなかに猛威をふるいました。大きな被害に遭われたかたにはお見舞いを申し上げます。私はといえばこれがまた、まったく何もなく無事だったというわけでもなければ、笑っちゃうような不運に出くわしたわけでもないという中途半端でした。台風22号が関東地方をかすめていったのが、この原稿を書いている前日の十月二十九日。私は昼間、横浜での落語会に出演予定でした。万が一の交通の乱れなどに備えて早めに会場入りして、千人以上入る大ホールは大雨にも関わらず満員札止め、大いに笑っていただき大成功だったのです。しかし万全を期して履いていったはずの防水ブーツが、一週間前の台風で激しく水に浸かったせいで防水機能が低下しており足元がびっしょりという、地味な被害に見舞われました。

で、件《くだん》の一週間前の台風21号というのは十月二十二日。昼間、京都での独演会は朝からの本降りをものともせず大勢ご来場くださって盛況でしたが、終演後に大阪の宿へ向かうと東海道線が強風のため吹田駅で立ち往生。タクシー乗り場で一時間ばかり、ひどい雨と風をビニール傘でしのぎながら10分に一台ほどしか来ない車を待ち、ようようの思いで宿へ戻るのに三千円ほどの臨時の出費、これも「だからどうした」というレベルの小さな被害です。

さらにそのひと月前、台風18号が九州に上陸した九月十七日は長崎で落語会でした。前日から羽田→長崎の飛行機は全便欠航が決まり、JRは始発から九州全域で運休という緊急事態。それでも「何としても開催したい！」という主催者の熱い思いに胸を打たれ、着陸できないかもという条件つきの朝一番の福岡行きに乗り込み何とか到着すると、やっとの思いで高速バスのチケットを手に入れて長崎へ。14時開演のところを13時55分に会場に飛び込んで来たのが、共演者の二代目・林家木久蔵さん。……え、私ですか？　前日から九州にいたので午前中には楽々長崎入りしてました。ようようの思いでたどり着いたドキュメントをお客さまに語り大喝采を浴びる木久蔵さんの横で「よかったね〜」とか言いながらうつろに笑う……。やっぱり「もっていない」私の定めなんでしょうか。

# 「三三青年の過酷な体験記」

噺家にとってお正月というのは特別であり、大事なものです。寄席では元旦から十日まで、ほかの月なら「上席」と呼ぶ上旬の興行を「初席」、十一日から二十日までの中旬を「二之席」（通常は「中席」）と申しまして、協会所属の芸人がほぼ総出演し〝顔見世興行〟のような趣き。高座に鏡餅を飾ったり、獅子舞が出たり、お客席にも晴れ着のご婦人が大勢いらしたり。「落語家になってよかったなぁ」と、つくづく思うのもこのお正月です。でもよく考えたら世間全体にそんな雰囲気が満ちていて、それをぎゅっと凝縮させたのが寄席という空間なのかもしれません。

数年前から、上野・鈴本演芸場で初席の一番おしまいの出番、つまりトリをおおせつかっています。初席の、しかも寄席のなかでもっとも歴史のある鈴本演芸場のトリというのは、寄席芸人として最高の名誉のひとつといえます。このお話をいただいた当時、四十前でしたから異例もいいところで、私自身これっぱかりも考えたことはありませんでした。例えていうなら入団三年目で今シーズンやっと一軍に定着した若者が、ある日突然ジャイアンツの四番バッターになるようなもので、名誉でもありますが責任も大きいのです。

ただ幸か不幸か、私は舞い上がって有頂天にもならなければ、重責に押しつぶされもしない、強いのではなく鈍感な人間でした……、「でした」というのはそうなって気がついたということで。「肩書きで芸が変わるワケじゃないしね」と、もちろん光栄でもあり、責任も自覚しつつ、気負わずおごらず毎年つとめているつもりです。

ま、この連載のネタになるのはどちらかといえば過酷で〝もう二度と体験したくない〟ようなお仕事のほうです。今年(二〇一七年)の一番は、コンピューターの人工音声のサンプルとして落語を演じて欲しいとの依頼で、お客さまのいないスタジオでひとり、20時間分の落語を録音したことです。誰も笑う人のいない20時間というのはツラいものですよ。

　過去のベスト……いやワーストは二十年ほど前、ある先輩に都内近郊の商店街で路上のにぎやかしの余興に連れて行っていただいたお仕事です。噺家二人で30分ほどお客さまに笑っていただき、メインはテレビでおなじみの五人組戦隊ヒーロー「〇〇ジャー」のショーで子ども達に楽しんでもらうという内容でした。ちなみに〇〇ジャーは、リーダーの〇〇レッドだけがやって来て、あとの四人はそれぞれ別のイベントに出演しているとのこと。正義のヒーローはバラ売りの営業で収入を得る、世界平和を守るのも楽じゃないってことをそのとき初めて知りました。

　秋の日曜日の昼下がり、会場は屋根のない歩道に数十脚のパイプ椅子が並び、その前にスタンドマイクが一本。つまり慣れない立ってのおしゃべりです。

「……兄さん、ここですか?」

「……うん。頑張ろうな、ひとり15分ずつ」

　椅子の並ぶ会場の目の前、商店街のお寿司屋さん、一階の小あがりの座敷を楽屋がわりに着替えをしていると予想外の事態、雨が降りはじめました。しかも今で言う〝ゲリラ豪雨〟(当時まだそういう言い方はなかった気がします)で、店の前の車道はまるで川のようです。急きょ、歩道のガードレールとお寿司屋さんの二階の窓の手すりの間に大きなブルーシートが張られ仮設の屋根にしましたが、土砂降りの雨がシートに打ちつけられ、会場内は「ゴオォォ……」高速道路のトンネルのような轟音です。おまけに雨で人出がなく、大人はゼロ、最前列に〇〇レッド待ちの小学生男子が三人のみ。

「……兄さん、この状況」

「……おう、頑張れよ」

　先輩のニュアンスが若干違います。

「三三、俺の持ち時間は好きなだけお前にやるよ。やっぱり若手は勉強だ！」

「え？　いや、あの……はい」

　予想外の事態はさらに悪循環に陥ります。豪雨で道路が大渋滞し、前の営業先から車で向かっている○○レッドの到着時間が遅れそうだというのです。

「――！　兄さんッ」

「勉強だ‼」


　今なら子ども達と楽しくやり取りをしながら時間を埋めるというスキルも引き出しもありますが、駆け出しの二ッ目・三三青年にはまだそんな経験がありません。愚直に古典的な小咄を演じますが○○レッドを心待ちにする少年たちには通じません。大汗かいてしゃべっているとパイプ椅子の客席後方に先輩が立ち、妙な仕草を始めました。餅を両手で左右に引っ張って延ばすようにしたかと思うと、バツ印をつくり、お寿司屋さんの方を指さしたのです。私は「もっと時間を延ばせ。楽屋には戻ってくるな」という指令だと思い、なおも小咄を続け、子ども達はますます不機嫌になっていきました。それから10分ほどすると先輩が今度は私の横に来て言ったのです。

「いつまでつまらねぇことやってんだ！」

「……だって兄さんさっきジェスチャーで〝もっと延ばせ、戻るな〟って」

「違うよっ〝もう延ばさなくていい、楽屋に戻れ〟って仕草だ！」

　ぐったりしてお寿司屋さんに入ると、すでに到着した○○レッドがカウンターで、マスクを半分ずり上げてお茶を飲んでいました。

「お前がムダに長いから俺が主催者に謝っといたぞ」

　子ども達しかいないならジェスチャーじゃなく最初から止めに入ってくれ……とは言えず、ギャラを折半で頂戴して家路についたのでした。


　今、原稿書きながら思い出しました。あのとき予算の都合で悪役を呼んでなかったはずなんですよ。子ども達の前に登場した○○レッド、何をしたんでしょうね？

# 「股引の謎、すっきり解決！」

先月は拡大版で倍近い枚数書いたので、今月は半分くらいでいいのかと思ったらいつも通りだそうです。よろしくおつきあいください。

寒さにめっぽう弱いもので、冬はこたえます。まぁ暑くても文句は言うので勝手だとは思いますが、どちらかといえば暑さのほうが我慢できます。商売柄、日本中あちこちの冬を体験すると、地域によって違いのあるものだと気づかされます。

まず驚いたのが日本海側、北陸の冬は雷が頻繁に鳴ることです。関東で生まれ育った私は雷というものは夏に鳴ると思っていましたから、雪やみぞれと一緒の〝寒い雷〟にはびっくり。冬のはじめ、どんより曇った日が多くなる頃の雷は、脂の乗ったブリが獲れる時期の訪れを告げることから〝ブリ起こし〟と呼ぶ土地もあるとか。洒落た言葉ですね。

九州はなんとなく暖かいってイメージがあったんですが、ここ数年一月下旬に旅公演でお邪魔する福岡、長崎、熊本はどの街もどうかすると東京よりずっと寒い。数年前には九州全体が大雪に見舞われた日が公演日と重なり、連日雪国と見紛う風景の中を移動する興行となりました。

北海道はうかがうときにもう覚悟決めてますからね。装備は厳重だし、暮らしている人には申し訳ないけれど「何日かの辛抱だ」と思えます。おまけにあちらは屋内がとにかく暖かい。ちょいと昔は北海道の人は真冬、部屋の中を30℃くらいにガンガン温めて、半袖でビール飲んでる……なんて冗談めかして言ってましたよ。それに不思議なんですが、同じ気温０℃だとしても、雪国では東京のそれとは明らかに体感が違うんです。東京で0℃というと刺すような寒さなんですが、雪国だと少し(あくまで少しですよ)やわらかい。雪のどっさり積もった湿度のおかげなのかしら……なんて素人考えと笑われますかね。

そんなこんなで冬は寒さに備えて着る物もなかなか大変、ヒートテックのタイツなんてのはそれこそ肌身離さずってくらいです。で、ちょっと話は逸れるんですが、このズボンの下に穿《は》くもの。以前解せなかったのは夏場でもおじさん達は股引《ももひき》を穿いている人が多いことでした。前座でほぼ同期だった三遊亭窓輝《そうき》さん、竹野内豊を少々崩したってな、なかなかのイケメンで、噺家になる前はマルイで働いていたという男です。ところが彼が二十代だった前座の頃から夏でも股引を穿いてて「残念な奴だなぁ」と思っていたんです。

つい先日、寄席の楽屋で窓輝さんと会い、前座時代の思い出話になったときその話題を出したら、「あれ? 兄さん知らないスか。夏場は汗をかくとスーツのズボン、ももに貼りついてプレスの線が消えちゃうんで、それを防ぐためです。スーツ着なくなっても習慣でねぇ」……あぁ、会社勤めをしたコトのない私、目から鱗《うろこ》の一瞬でした。

# 「扉が開いた先にあるもの」

「二度と俺の前でマイクを持つな！」

日頃から目をかけてくれる先輩と楽しく飲み、二次会のカラオケの席で突如顔色を変えて言われたひと言です。もう十五年以上前でしょうか。

まぁ歌はニガテですよ。でも怒鳴《どな》られるほど調子外れではない、と思い込んでいたのが、つまり音痴の音痴たるゆえんでしたね。どれくらい外れているか解らないというヤツ。その先輩はまた大層な美声ですから余計に我慢ならなかったのでしょう。私には理解できないことですが、ある師匠はカラオケで知らない歌を一番だけ聴き、二番を音程を外さずに歌えます。寄席で三味線を弾くお姐さんたちは、弾いたことのない洋楽でも、メロディーを聴けば三味線で音を探り当て、ものの5分10分で弾けるようになります（西洋音階を和楽器で演奏するのはとても難しいのに、です）。

私はそこへゆくと、毎日聴いている曲があっても、メロディーも歌詞も〝その気〟になって頑張らなければ覚えられません。そういえば幼稚園のお遊戯会で、クラス合奏のシンバル担当になりましたが、一曲の中で一カ所か二カ所しかない〝シャーン〟が覚えられず、交替《こうたい》させられたことがあるのを思い出しました。幼稚園生の失敗なんて大概のことは笑って許せるものです。それを先生が替えた、ということは余程ひどかったのでしょうね。

そんな私が突然クラシック音楽に夢中になり始めたのは十三年程前、真打昇進とほぼ同時期でした。きっかけは思わぬ所にあるもので、好きな芸人さんのコントとコントの合間にチェリストが登場し、バッハ作曲「無伴奏チェロ組曲第一番」というのを演奏したんです。その音色と心を揺さぶられるメロディーに魅せられ、それまでは3分と聴いていられなかったクラシックの世界へ。音楽通で自らもオーケストラを指揮したり、クラシックコンサートの司会もするある師匠に「ひとつの曲をいろいろなオーケストラ、いろいろな指揮者で聴いてごらん。ある日いきなり扉が開くよ」とアドバイスをいただきました。あれから十年。師匠、扉開いたかどうか自信がないんですけど……。それでもCDを聴き、コンサートホールに足を運び、さまざまな素敵な体験をしました。20世紀を代表する指揮者・フルトヴェングラーのCDを、そのような凄い人なんて知識がまるでないのに聴いて受けた衝撃や、東京文化会館でのブロムシュテット指揮、チェコ・フィルの「ドヴォルザーク　交響曲第八番」の清らかな響き……。あげく、今ではクラシック音楽のコラムの連載まで持つようになりました。

ただし私、楽譜がひとつも読めないし、楽器をさわれないんですよね。毎月冷や汗ですよ、ホント。

え、この連載？　そりゃ冷や汗ですよ、毎月の締切の期日が。今回も過ぎてますから！

神田 松之丞 様
三遊亭兼好 師匠
柳家 三三 師匠
柳亭 市馬 師匠

# 「伝統と進化の鈴本演芸場」

先月で連載が40回になりました。これもひとえに毎回楽しみにしてくださっている読者の皆さんのおかげ……なのか、はたまたひとりも待ってる読者はいないのに、好きに書かせてくれている放任主義の編集部のおかげなのか……。いずれにしろ、私じゃない誰かのお力があればこそです。

さて、今までは思いつくままに毎月さまざまなお話を申し上げてきました。よくいえばバリエーションに富み、悪くいえばとりとめがない。今月から四カ月のシリーズで過去に何度か話題が出たことのある、都内四軒の定席（通年、ほぼ無休で興行のある寄席）を取り上げてみようと思います。寄席に興味を持っていただくと、人生に潤いが増すこと間違いなし……かどうかは定かではありませんが。

まず最初に上野広小路の交差点からほど近いところにある『鈴本演芸場』。現存する最古の寄席で、その歴史は百六十年を超えるそうです。しかし伝統にただあぐらをかいてはいません、守るところはおさえつつ時代に合った変化や挑戦を続けていると私は思います。昭和四十年代には既に近代的なビルに建て替えて周囲を驚かせたそうですし、若手でこれと見込んだ者に積極的にトリをとらせたり、お客さまの興味をひく企画興行を考えたり……。寄席の世界の先頭に立ち引っ張っていくという思いが伝わってきます。

中学生だった私が初めて鈴本へ行ったのは忘れもしません、昭和六十二年八月三十日でした。通常の興行ではなく、朝10時開演——今も毎週日曜は若手二ツ目の勉強の場「早朝寄席」が人気ですが、当時は八月だけ人気真

打や幹部の師匠がズラリ出演する「サマー寄席」という企画でした。その日は中でもとりわけ豪華な番組で、

一、「夢八」林家こぶ平（現・正蔵）
一、「六尺棒」桂三木助（故人、先代）
一、「青菜」柳家小さん（故人、先代）
一、「星野屋」春風亭小朝
一、「厩火事」柳家小三治

これで入場料が五百円！　信じられない少年の私は何度か寄席に確認の電話をかけ、朝早くに小田原の実家を出発、9時前には着いたのですがすでに長蛇の列、最終的には鈴本の前から上野広小路の交差点、地下鉄出口まで行列は伸びたようです。

噺家になって前座修業時代も、楽屋が広く働きやすいので好きでしたし、二ッ目になってからはさっきご紹介した日曜の早朝寄席でどれくらい勉強させてもらったことか。

個人的には鈴本のすっきりとして、凛とした佇まいの高座が好きですね。袖から高座へ一歩踏み出すときにちょっとシャキッとする、それをまたどう柔らかな雰囲気の一席にしてゆくか、上がるたびに楽しみです。

お客さまも、番組の適度な時間設定や出演者の流れなど、初めての寄席体験にはうってつけの席かもしれませんよ。

# 「祖母と行った末廣亭」

都内に四軒ある定席をご紹介するという、勝手に始めたこの企画。第二弾は新宿にある末廣亭です。

新宿三丁目の交差点から路地を一本入った、飲食業を中心に大小さまざまな店舗がひしめく繁華街でも、ひときわ存在感のある末廣亭。歌舞伎座を五まわりくらい小さくしたようなというか、装飾の派手めな銭湯というか、建物とともに目立つのが、おびただしい数の提灯《ちょうちん》や芸人の名を書き入れた木札に看板。先月ご紹介した近代的ビルの鈴本演芸場とは真逆の〝らしさ〟全開。そして一歩足を踏み入れると、その外観を上回るのが木造の建物内の風情です。

使い込まれた高座、客席の柱や杉戸の味わい深さ。こぢんまりとして時代を感じさせる売店。現代であることを忘れそうな桟敷席《さじきせき》。暖かい光の提灯。寄席を楽しむために必要なものがみんな揃っていると言ってもいいくらいです。ゆったり楽しみたいかたは思いのほか座り心地のいい一階の椅子席で、雰囲気を満喫したいかたはその両脇の桟敷席で過ごしていただくのがおすすめ。そして土日や休日などお客さまの大勢なときしか使わないからいつでもとはいきませんが、二階の桟敷席もこれまた一度体験していただきたい〝名所〟です。

私が末廣亭へ初めて行ったのは昭和六十二年十月十日。千葉に住んでいる母方の祖母が小田原へ来るのを迎えに行くという口実で、千葉と神奈川の中間・東京で会い、寄席を楽しむという……まぁ子どもなりに必死に寄席へ行くことに正当性を持たせたんですな。その日、昼の部のトリは古今亭志ん朝師匠。寄席通いを始めたばかりの私は知る由もありませんでしたが、全国で仕事が忙しく、滅多に寄席に出演しなかった志ん朝師匠がトリだということと休日だったこともありお客は大入り。私と祖母は椅子席最前列のさらにもう一列前に臨時に並べられたパイプ椅子の補助席で四時間半以上の公演を見たのです。高座を見上げる首と、パイプ椅子に負けたお尻の両方が痛かったのをよく覚えています。

けれどもそれ以上にはっきり脳裏に焼きついているのは初めて見た志ん朝師匠の高座姿。名人、五代目・志ん生師匠の息子だとか、当時の落語界の第一人者だなんてことはまるで知りませんでしたが、高座へ一歩姿を見せた瞬間のお客さまの拍手、そして演じられた「試し酒」での酒を五升飲んでゆく仕草の鮮やかさ。時を忘れるというのはああいうことなんでしょう。帰り道は祖母に夢中で「楽しかったでしょ？　行ってよかったでしょ？」なんて恩着せがましいことを言ってましたね。

この末廣亭、楽屋が少し手狭なんですが、その真ん中に鎮座する火鉢《ひばち》を中心に、ときには芸談に、けれどほとんどのときは馬鹿っ話に花を咲かせる師匠方の言葉に耳を傾けられたというのが前座時代の貴重な財産となっています。

# 「伝説の浅草演芸ホール」

今月ご紹介するのは浅草演芸ホール。中学一年生だった私が生まれて初めて足を踏み入れた寄席がここでした。いかにも下町という雰囲気がありましてね。お客さまの年齢層はほかの寄席より高め——とはいえ、最近は若いかたの姿もずいぶん増えました。東京スカイツリーができて以来、この街全体の傾向でもあります——なのですが、よく笑う陽気なお客席の日が多いんです。高座に上がる者にとっては大変にありがたい活気にあふれています。

その活気が特に顕著なのがお正月です。何しろ浅草の観音様のお膝元ですから街全体に人があふれ、演芸ホールも初笑いをというお客さままで押すな押すな……というのが大袈裟な表現ではない大入り満員となります。ひところは寄席に立ち見でも収まり切れないお客を舞台の上にまで入れていて、落語家が噺を演っていると目が合って絶句したなんて逸話も残っているくらいです。この辺りは昔「浅草六区」と呼ばれた日本を代表する興行街で、寄席の表で呼び込みをしている人達もその精神が脈々と受け継がれているんですね。かきれどきは逃してはならぬ——という。いくら満員でも入ろうかなと迷っている人を断りません。「座れるの？」と尋ねられたら「入れます」、「見えるの？」と問われれば「聞こえます」と答えてお客にしちゃうんだ……なんて、これは例えですよ。でも昔の六区の呼び込みはそんなことは当たり前だったようですね。お客さまのほうもギュウギュウ詰めの人いきれの中でわっと笑って盛り上がって、この街の活気や熱狂はそうして生み出され、今もその余韻は確かに残っているのです。

ゴールデンウィークとお盆にもやはり大盛況となり、特にお盆はこの浅草演芸ホール名物「住吉踊り」という催しがあります。亡くなった古今亭志ん朝師匠が旗振り役となり、途絶えかけていた〝寄席の踊り〟を次世代に伝えようと始まったものがもうすっかりおなじみとなりました。いわゆる本格的な日本舞踊のようにかしこまらず、面白くって小粋なところが魅力ですよ。

この浅草演芸ホールの建物、実は三階にも「東洋館」という名の寄席があります。演芸ホールが落語中心の構成なのに対して、こちらは漫才をはじめとしたさまざまなジャンルの笑いが楽しめます。ここは十数年前まで「フランス座」というストリップ劇場でした。この名前を聞いてピンときたかたはかなりのご通家。〝コント55号〟や〝ビートたけし〟といった、お笑いの世界の巨匠たちが若き日に、裏方のバイトをしながら舞台に上がり腕を磨いた伝説の小屋なのです。

私が前座の頃、この劇場の大看板は、浅草駒太夫さんという女性でした。このかたのキャッチフレーズがなんと「生涯現役」。看板に偽りなしの妙齢(?)でしたが、ストリップの踊り子さんにつける肩書きじゃ……ありませんよねぇ?

# 「真剣勝負の池袋演芸場」

都内の定席をご紹介するシリーズ最後は、池袋演芸場です。ここは噺家がよく高座で「お客さんの来ない寄席」なんて面白おかしく話題にするものですから……あ、ハイ。私もそのひとりです。スミマセン――。本当にいつもガラガラだと思っていらっしゃるかたもおいでらしいのですが、そんなことはありませんよ。特にここ数年は、落語や寄席にお馴染みのうすい、ウブなお客層(どんな噺にどんな風にお笑いになるかで、だいたい分かるんです)が確実に増えているのも心強いことです。とはいえほかの定席よりも「知る人ぞ知る」的な場所であることも確かで、それがまた、この寄席の個性と魅力でもあります。

池袋演芸場は戦後、昭和二十六年の創業以来、同じ敷地のビルの三階で営業しておりました。その頃は畳敷きの客席で、入りの悪いときにはお客さまが寝転んでいたとか、客席より楽屋の芸人のほうが人数が多かったとか。そうかと思うと、以前は平日は夜席だけの営業で、土曜・日曜だけ昼席の興行があったのですが、お客さまが来たのに芸人が忘れていて来なかったとか……。まァとにかく悲しいけれど笑えるエピソードに事欠かない寄席でした。

私が昔の池袋演芸場へ初めて行ったのは中学一年の冬休みでした。お正月興行で出演者も豪華でしたから、桟敷《さじき》に座った満員のお客さまに少しずつ前に詰めてもらって、後方にできたスペースに新たなお客さまを座らせる〝お膝送り〟が何度もおこなわれるほどの大盛況でした。その数カ月後、平日の夜席に行ったときには、お客は私を含めたったの四人。いつ増えるかと思っていましたが、終演まで変わりませんでした。けれども私は不安や寂しさより、この人数で噺を満喫できることの贅沢さに幸せを感じたものです。

平成二年に古いビルが解体されるために一旦、演芸場は閉まります。新築のビルの地下二階に新生・池袋演芸場が再開場したのが平成五年の九月、私が噺家になった年です。桟敷から椅子へと客席が変わったのがウリで、ポスターに「椅子席（一席）お笑いを申し上げます」というビミョーなキャッチコピーが大書されていましたが、あまりPRせずに改装前はやっていなかった平日の昼興行も始めたために、入りは確かによくありませんでした。私も前座時代、何度もお客さまと〝一対一〟を体験しています。

けれどこの寄席は、演者もお客さまもじっくりと腰を据えて芸と対峙する、真剣勝負に挑ませる〝空気〟を、今も昔も持っています。お客さまが多い、少ないではなく、自分の本当にやりたい噺を高座にかけ、それをまた受け止めて楽しんでくれるお客さまがいる――。芸人の腕とお客さまの見る目が刺激しあって育っていくという理想の時間を、いちばん強く意識させてくれるのが、この池袋演芸場。小さいけれど大事な寄席なんです。

# 「Gの勝敗に一喜一憂」

この原稿を書いている現時点、サッカーW杯のロシア大会が非常に盛り上がっています。ほんの10分程前、本当にギリギリ首の皮一枚の差で、日本が決勝トーナメント進出を決めました。これで日時が特定できます。そう締め切りは過ぎている……。担当のTさん、面目ありません。

私自身はサッカー経験もなく、熱心なファンでもありません。日頃はスポーツニュースでちらりと情報を得る程度。それでも四年に一度のW杯に日本が出場し、しかも予想以上の活躍を見せてくれると、やはり「頑張れ、ニッポン！」と、にわかサポーターになってしまうのだから、人間というやつはいい加減なものです。しかし私ばかりでなく、楽屋でもサッカーボールよりゲートボールが似合いそうな年配の師匠方まで熱心にサッカーを語り出すなんてのはほほえましいですね。もちろん噺家にも春風亭正朝師匠や古今亭志ん彌師匠をはじめ、熱狂的なサッカー好きの師匠もおいでですが、普段はなかなか周囲の理解を得られません。楽屋はまだまだ野球や相撲が幅をきかせる世界なのです。

昔から「高座では宗教・政治・プロ野球の話題は避けるべし」という格言があります。それだけ人が真剣になり洒落が通じなくなりがちなジャンルなのです。江戸ッ子の多い噺家は巨人ファンが最大派閥。しかもほかのことは能天気でも、ジャイアンツの話題になると途端にひどくマジになってしまう師匠も大勢います。

中でも日頃から強面で知られるB師匠の怖

さは別格。巨人の連敗中などは不機嫌の極みで、ほんのちょっとしたしくじりでも烈火の如くに怒ったりするので腫れ物にさわるように周囲が気を遣うこともたびたびです。協会の大幹部でもあるB師匠は、春と秋に行われる真打披露の興行にも必ずといっていいほど助演をし、祝いの口上を述べ、若手を盛り立ててくださいます。春の披露興行は三月下旬から四月末まで行なわれ、ちょうどプロ野球ペナントレースの開幕時期と重なるのです。そして巨人というチームは毎年優勝候補に挙げられる強豪球団でありながら、毎年の如くにスタートダッシュが悪く序盤はもたつきがち。するとB師匠は日に日にご機嫌が悪くなり、楽屋で働く前座はもちろん、手伝いのために楽屋に詰めている若手二ッ目、果ては主役の新真打にまで小言をおっしゃるようになります。〝小言〟とはいえ、強面で鳴らす師匠なのでほかの師匠連でいえば〝怒髪天をつく〟と形容できるほどの怖さです。もちろん皆、細心の注意を払って働くのですが、過去には理不尽とも思える理由で大目玉を食った者も随分います。だからこの時期の楽屋では、G党であるかないかに関わらず、ほぼ全員が「ジャイアンツ、どうか勝ち続けてくれよ」と、ある意味不純な理由で応援するのが常なのです。

# 「真夏の松本彷徨記」

　二〇一八七月下旬、長野県は松本市におじゃましました。ある新聞社さんの文化施設がオープンし、記念の企画で独演会をとお声がかかったのです。県内の二大都市、長野市と松本市はありがたいことにどちらも頻繁に落語会が開催される街で、私も呼んでいただく機会は多く、松本は前年十一月末に別の新聞社さん主催の会でうかがって以来ですから久しぶりというほどでもない感です。前回はもう冬本番かと思える底冷えのする寒い日で、駅に降り立ちピューという北風に吹かれたとたんに「帰りたい」と思うくらい。そこへゆくと今回は七月ですから寒い心配はナシ。けれど盆地特有の暑さで午前中から30数℃という猛暑、駅に降りたとたんに「帰りたい」……ってこりゃあ冗談、早めに松本入りしたのは国宝・松本城を見物するという大きな楽しみがあったからです。

　この名城を訪れるのは二度目のことで、最初は今から十年程前でしょうか。ただしその時の印象は「国宝の天守閣が想像していたより小ぢんまりしているなァ」というものでした。なんだかミニチュアサイズを見せられたような気がしたものです。しかし今回再訪してみるとやはり堂々としたもので、その姿は決して貧弱ではありませんでした。きっと前回は期待が大きすぎたのと、松本城は平城という平坦な立地のため、通常の見上げるような視線とは違う見え方をしたせいだと思われます。

　日曜日だったからでしょうか、大変な混雑で、天守閣最上階まではアリの行列のような数珠つなぎ。下のほうの階ではその暑苦しさに辟易しましたが、上にあがるにつれ格子窓から入る風がまことに心地よく、ガラスなどのない素通しがありがたく思えました。このお城は明治期には荒れ果てて、天守閣は傾き（当時の〝ピサの斜塔さながら〟の古写真もあります）、取り壊し寸前だったものを市民有志の熱意で保存されたのだそうです。昔のかたの心意気が今、松本の街の値打ちをどれだけ高めているかと考えると胸が熱くなります。

その後は街を散策し、ふらりと立ち寄った呉服屋さんで、いかにも噺家好みの幅の狭い角帯を見つけて衝動買いしたり、せっかくだから信州そばを昼食にしようと、下調べしてあった数軒の店に行ってみたもののことごとく大行列で、空腹のままさまよったり……。真夏の城下町を満喫（？）したのでした。

さて、本番の落語会は大勢のお客さまがご来場いただいて盛況でした。信州の英雄が物語に出てくるからと「真田小僧」。もう一席申し上げた「小田原相撲」の主人公・雷電《らいでん》為右衛門《ためえもん》も信州の生まれだと、これは終演後にスタッフさんに教えていただいて知りました。ちなみに会場となったスペースは「オープンな空間をめざす」というコンセプトのもと、外の音がカーテン越しにとてもよく聞こえてしまう構造でした。お城とあべこべ、素通しが少々うらめしく思えたのでした。

# 「あの頃の夏もやっぱり暑かった」

今号が出ている頃の気候はわかりませんが、この夏の暑さはことのほかでした。いつもは真夏でも大抵は長袖シャツを着て過ごす私も、今年（二〇一八年）はだいぶ半袖の日が多く、楽屋で「お前が半袖とは珍しいね」なんて、からかい半分に声をかけられました。

何しろニュースの気象情報では連日「〝命に関わる危険な暑さ〟になるでしょう」と警告めいた予報が出るくらいでしたから。そのほかにも何度も耳にしたフレーズは「冷房を〝ためらいなく〟使ってください」とか「過去に経験したことのないような大雨の恐れ」なんていう〝過去に経験したことのない〟表現でした。いつも通りの言い方では聞き流されてしまいがちだからでしょう、表現にひとひねり加えることで人の注意をひこうという苦心を感じました。もっとも妙な現象も起きていました。「屋外では運動しないでください」というニュースが終わって、そのあとが高校野球中継……。シュールですね、これは。

しかし私が夏の暑さで本当に辛い思いをしたのは、貧乏だった修業時代でした。何しろ前座という身分は毎日寄席の楽屋で開演前から終演後まで働きづめに働いても、一日のお給金が千円ほどしかいただけません。寄席以外の落語会でのお給金や先輩師匠方にいただく心づけなどがあるものの、ひと月数万円の収入で家賃や食費、交通費など全てをまかなわなければなりません。切りつめた生活を強いられますからいつもギリギリ。クーラーのない狭苦しい四畳一間のアパート、藪蚊《やぶか》が酷くて窓を開けて寝られないところに住んでいました。夜中にあまりの暑さに飛び起きて近所の自動販売機まで駆け出していき（冷蔵庫などありませんでしたから）、コーラを買おうとして「あ、今これを買うと明日の仕事場へ行く電車賃が……」と、小銭を持った手が動かなくなり、仕方なく公園の生温い水道の水を飲んで……なんてことも何遍もありました。

銭湯代もバカにはなりませんが芸人のはしくれ、小汚いと師匠連に小言を食らいます。5分で百円のコインシャワーもよく利用しましたが、正直にお金を入れてシャワーで体や頭を濡らして、なんてんじゃ下手すれば流し終えない泡だらけの状態で時間が終わります。そこで行きがけの公園の水道で頭や体を濡らして、お金を入れる前に泡立てておいて……。まァ公園の水道には随分と助けられました。

先輩方も若い時分、似たりよったりの経験をしているから優しいんです。「使わない扇風機をあげるから。寄席がハネたら夜、うちまで取りにおいで——」ありがたいじゃありませんか。喜んでうかがうと、古いながらも立派な扇風機。ところがなぜかこれが「サザエさん」に登場する泥棒が使うような典型的な〝唐草模様の風呂敷〟に包まれているのです。帰り道はすれ違う人がジロリ。お巡りさんにも複数回、職務質問をされたものです。

# 「三三少年、もののあはれを知る」

小田原、足柄、螢田、富水、栢山、開成、新松田……。

十八才で噺家になり、はじめの二ヵ月弱は生まれ育った神奈川県小田原市から小田急線と山手線を乗り継いで、毎朝新宿区の師匠・小三治宅へ通いました。余談ですが小田原があのお洒落な大都市、横浜と同じ神奈川県だとは夢にも思わないかたは相当大勢いて、現に昨晩一緒にご飯を食べていた知人からも「三三はやっぱり〝静岡〟って雰囲気あるね、小田原だから」と言われ、「あァ、はい……、ですかねぇ」てなやり取りがあったばかりです。「え、そうなの?」と思ったそこのあなた。「小田原は神奈川県」。はい、口に出して三遍唱えてください。

ま、それはさておき電車通い、往復で毎日約5時間を車内で過ごすことになります。とにかくずっとカセットテープに寄席のお囃子を録音したものをイヤホンで聞き続け、前座修業の必須科目である太鼓を覚えるのが第一でした。夢中になって車内であることを忘れて膝頭をポンポン叩き出し、「うるせぇぞ!」と怒鳴られたこともありました。しかし全ての時間テープを聞き続けていると、たまに息抜きが必要で、そんなときにやったのが始発駅の小田原から終点新宿までの駅すべてを暗記する遊びでした。それが冒頭の〝小田原、足柄、螢田……〟という順だったのです。覚えたら逆から言えるように、それもマスターしたら江の島線、多摩線といった支線。そこもOKとなれば今度は山手線という塩梅《あんばい》でした。興味を持ち、楽しめそうなことだと苦手というか嫌いな暗記も苦にならないのは不思議なものでした。

もともと小さな頃から鉄道に乗るのが好きだったんです。第一に車両の格好良さ。ブルートレインがいちばん好きで、昔の国鉄のL特急やら蒸気機関車などは乗れない憧れもあり、図鑑などを眺めては想像をふくらませたものです。想像力を最大限に活用した遊びは「時刻表で旅をする」ことでした。時刻表で乗ってみたい列車に乗り、行きたいところへ行くために何時に出発しようか、どこで乗り換えようか、駅弁を売っているのはこの駅だからここで買い、この駅で途中下車して宿に泊まって……。こんなことを考えていたら一日なんてあっという間に終わったものです。それから神田にあった交通博物館の鉄道模型が走るのが大好きで……、と書き連ねていると、〝鉄っちゃん〟になる素養はあったのかもしれないと思いつつ、どうやらやはり違うのです。大抵のことは好きになるとかなり夢中になるのですが、本当に奥の奥に食い込む前に「面倒くさそうだな、この先は」と感じて、ふっと離れるときが来るんです。鉄道しかり、相撲、恐竜、天文、漫画……。今でも私の知識のほとんどは小学生の頃に覚えたものです。落語だけがそれより一段、好きのレベルが上だったんですね、おそらく。それが証拠に「面倒くさいな」と思わないんです、落語は。

ふふ、今回はちょっといい子ぶりました。

# 「なぜ？ なぜ？ 摩訶不思議なこと」

日常、何気なく過ごしていても、ふと気になることに出くわすことはあります。まして見知らぬ土地へ旅したときなどは尚更のこと。今でも思い出すのは五年ほど前に秋田へ行ったおり、お土産を買おうと売店をうろうろしていました。目に入ったのは秋田の名物「じゅんさい」です。懐石料理なんてものをいただいた、人生における数少ない経験の中で、あの口の中でツルンと戯《たわむ》れて、プチンと噛みしめる独特の食感は何ともインパクトのあるものでした。料理屋さんでは小さな、品のある器にほんの少し盛られていたじゅんさいが、ビン詰めでどっさり売られています。こりゃいいやと品定めをしていてふと気になったのは、大小サイズ別で値段が違うようなのです。きっとそれは味や食感に差があるのでしょうから当然とは思いましたが、そのサイズの表記がアルファベットでS・Mとあり、もう一種〝T〟というのが並んでいます。はい、〝S・M・L〟かと思いきや〝T〟。まあ、首をかしげますわ。ほかの店でも並んでいたじゅんさいのサイズはS・M、そしてT。店員さんに尋ねました。S・M・Lではなく、なぜ〝T〟なんですかと。すると店員さんはさも不思議そうな顔を、じゅんさいではなく私に向け「なぜと言われても、じゅんさいの大きさと言ったら〝T〟ですよね」。はあ……当たり前なんですか？ その後、詳しく調べたりしてないんですが、もしご存知のかたがおいででしたらご教示いただければ幸いです。思い出すたびに、じゅんさいを噛もうとするのに歯の間からツルツル逃げられるようなもどかしさを感じています。ぜひ〝プチ〟と噛みしめた時のような、納得のお話をうかがいたいのです。

もうひとつの〝なぜ〟は、タクシーの運転手さんはなぜあんなに遠慮がちに言うのでしょう「シートベルト装着にご協力くださ い」と。この〝遠慮がち〟にもいくつかのパターンがあります。いかにも恐縮しながらソフトな口調で「誠に恐れ入ります、よろしかったらシートベルト装着にご協力いただけますか？　いや、ホントに申し訳ありません……」って、そんなに済まなそうに言わなくていいスよ。もうひとつのパターンはわりと事務的に「安全のためシートベルトお締め下さい」と、しかしこのときのポイントは声量。小さいのよ。車の走行音にかき消されて聞こえるか聞こえないかギリギリの線、サッカーのメッシがこごしかないという一点に正確無比なシュートを蹴り込むような絶妙のボリューム……って何の例えだか判りませんね。で、もうひとつのパターンは大きな声ではっきり、一点の曇りもない口調で「お客さまの安全と交通ルールを守るため、シートベルトをお締め下さい」と……機械が言うんですよ。ドライバーさん無言。たぶんさまざまな苦心があるんでしょうね。

あ、そういえばバスはシートベルトどころか、立っているお客さんいるけど……いいの？

# 「あなたに言われたかぁないよ!?」

最近、高座に上がるときに扇子と手拭のほかに持ち物が増えてしまいました。俗に〝あいびき〟などと呼ばれる、正座するときにお尻の下にあてがい、膝などの負担をやわらげる小さな腰かけです。先日、大阪へ仕事に行くのに東京から2時間半、新幹線に乗り、新大阪の駅で降りたら左膝が痛くなっていました。その間なんの特別なことも、無理な動きもしていません。座って、立ったらイテテ……。急に運動しすぎたとか、ひどい体勢をとってしまったとか思い当たるふしがあれば口惜しんだり反省したりもしますが、何もないのに……という理不尽かつ不可解さに呆然とするばかり。けれど痛みは厳然と襲ってきて、その日の2時間の高座はとても辛くもありました。

翌朝、帰京してさっそく病院へ行くことにしました。歩くのも支障がありましたから、なるべく近所で探してみると、徒歩5分ほどのところに整形外科があるというので、電話で問い合わせてから出かけました。

受付が珍しく(?)六十代くらいの男性で、医療用のユニフォームを着て診察室と行ったり来たりしていたので「先生がおひとりで受付も診療もこなしているのかな」と考えながら、名前を呼ばれて診察室へ。ここで受付をした男性の「先生、お願いします」という声で、薄暗い奥の一室から「ハイハイ」と、八十代とおぼしき痩身を白衣に包んだ男性が、少々あぶなっかしい足取りで現れました。「左の膝が痛いんです」と告げると、先生は「ハイ、それじゃ右の膝見せて」と。何か理由があるのだろうと右の膝を出すと、先生しばらくあちこち押して「どこも痛くないのかい？」

「はぁ、痛いのは左の膝なんです」ったら、「じゃあ左足出さなきゃわからないよ」「……ですよね。はい」。で、触診を終えたら関節炎とのこと。「原因は何ですか?」と訊いたところ、おじいちゃん先生、きっぱりと「トシだね」。うーむ、そうですか。「正座などは?」「いや、正座は一番良くない。もってのほか」「仕事でどうしても……。僕、落語家なんです」と言ったとたん、隣室にいた六十代のおじさんの方が「落語家なの?」と、興味津々の表情で食いついてきました。「僕、落語好きなんだよ。あァ、見たことあるなぁ。ちょっとだけ有名でしょ? 知ってるよ。見たことあるよ、うん。……名前、何だっけ?」「えぇ、三三といいまして」「あァ、三三! 知ってるよ、うん……上は何ていうの? 苗字」「あ、家号ですか? 柳家です」「そぉだ! 柳家三三、知ってるよ……師匠は誰?」。結局何もご存知なく……。その間おじいちゃん先生は何の興味もないようで「注射するよ、右の膝出して」「……あの、左が痛いんです」「じゃあ左膝出さなきゃ」「……ですよね」。

二度目の通院時に知りましたが、おじいちゃん先生は一〇一歳だそうです。知ってりゃ注射断ってたかなぁ。あ、帰りに先生から「大事にね、トシなんだから」。念を押されました——。

# 「噺家の〝そば〟あるある？」

「東京はそば、大阪はうどん」よく食文化の違いで引き合いに出される話題です。「一《ひい》、二《ふう》、三《みい》、四《よ》、五《いつ》、六《む》、七《なな》、八《や》……いま何刻だい？」「へえ、九《ここの》ツで」「十《とお》、十一……」と、屋台で一文《いちもん》の勘定をごまかす有名な落語も、東京では「時そば」で、大阪では「時うどん」です。

東京の落語では特に、〝落語といえば〟的な仕草というのが、そばを食べるというもの。名人、五代目・柳家小さん師匠は高座で見事なそばの食べかたを披露したあと、寄席の近所のそば屋に入ったところ、寄席にいらしていたお客さまが何人かいて「高座であれだけ美味そうに食べる小さんは、本物のそばをどう食べるんだろう」という視線を向けてくるので、大層食べにくかった……という経験があるんだとか。

それはともかく、東京の噺家は本当にそばっ食い（そば好き）が多く、ベテランから若手まで一人ひとりがそばについて美学を持ち、お気に入りの店があると言っても過言ではないくらいです。

かく言う私もそばは大好きです。しかし江戸ッ子じゃないもので、高校卒業後に上京して噺家になり、先輩師匠連につれて行っていただいたそば屋は少なからずカルチャーショックでした。まず冷たいそばの基本が〝ざる〟じゃなく〝もり〟なところ。その盛られてくる量の少ないこと！　つゆをつけたら濃くて辛い!!　まだ少年だった私は、その〝大人の世界〟を垣間見るような〝そばっ食い〟の文化に魅せられ、一時は「一日三食、そばでも構わない」と思うほどでした。まァ実際はやったコトないんですけど。

ただそのうちに〝粋にオツにそばを手繰《たぐ》らなくちゃ〟的な、一種強迫観念にとらわれるのが息苦しくなりまして……。これ、あくまで自分で勝手に陥ったことで、そばが悪いとか、落語界がどうのって話じゃないので。ま、そんなこんなするうちに東京以外の土地のそばにも惹かれ、うどんの良さにも目覚め……。書きながら気がついたんですけど、私は基本的に食べ物の好き嫌いがありません。今の私は美味しく、楽しく食べられたら幸せです。

そうそう、冒頭話題の出た「時そば」という噺《はなし》、実は〝間違えやすい落語〟の代表格とも言える存在でして。私が実際に寄席で遭遇したのは、ある大先輩。芸の確かさでは定評のある師匠なのですが、最初の客がうまくごまかして翌《あく》る晩、真似しようとした愚か者が銭を勘定しながら払う場面、本来なら「……七、八……いま何刻だい？」ここでそば屋が「へぇ、四ツで」「……！　五、六、七、八……」と余計に払ってしまうのがオチなのです。ところがこの師匠、うっかりそば屋が「九ツで」……。ハッとしたけれどもう遅い。仕方なく悠然と「十、十一、十二……」と二人目も一文ごまかして「めでたし、めでたし」と。しかしその額にはものすごい冷や汗が！

# 「どなたか覚えていませんか？」

えー、まずは御礼から。何回か前の当連載で秋田の名物〝じゅんさい〟の大きさについて書きました。「S」と「M」にもうひとつ「T」って何だ？　と。TサイズはSよりも小さいもので、食感もよく収穫にも手間のかかる高級品なのだとか。とても小さいという意味の英語「Ｔｉｎｙ」から来ているそうです。勉強になり、かつスッキリしました。ありがとうございます。

さて、そんなこんなのうち……。どんなだって話ですが、花粉症の話題が聞かれる時期になってきました。私は小学生の頃からひどい花粉症に苦しんできましたが、ここ数年なぜかほぼ無症状で過去のツラさを忘れるくらい。一度発症するとずっと続くと言われる花粉症が治った理由、よくわからないのです。

ひとつ心当たりがあるのはもう十数年前。「発症して約二十年経過するとまれに症状の出なくなる人がいる」という記事を、週刊誌か何かで読んだ覚えがあるのです。雑誌を日常的に読む習慣のない私が、たまに手に取るのは◯春か◯潮です。で、以前「どなたかこんな記事を読んだ記憶ありませんか？」と、文◯だか新◯の〝あなたの探しているもの〟的な欄で呼びかけたんですが、読者からの〝あった〟〝なかった〟の返事（反応）があったのかなかったのか、編集部からのお知らせすら〝なかった〟んです。

ですから今回、じゅんさいのことでいくつかのお答えをいただけたことがとても嬉しいので……調子に乗って、読者の皆さん「花粉症二十年で稀に治る説」の記事、読んだことあるかたいらっしゃいますか？

花粉症が治った理由でもうひとつ、思い出した出来事があります。寄席の楽屋で発症しなくなったという話をしていたら、ある先輩が「三三、そらァお前が近頃タバコ吸う量が増えたからじゃねぇか?」と言うのです。私が話を飲み込めずきょとんとしていると、その師匠は続けました。「国がタバコの害を徹底的に調べようと、いろんなデータを出してみたらひとつ困ったものがあったんだ。〝非喫煙者よりも喫煙者の方が花粉症になりにくい〟ってんだ。しかしこいつァ他所《よそ》でしゃべるなよ。国もタバコ喫う人間を減らしたい手前、絶対秘密にしろって話だからよ」。そう言うとこの先輩、噺家にしては苦味走っていい男と言えなくもない顔で〝ニッ〟と軽く笑みを見せると去っていきました。その様子のよさに私はしばらく「へぇ、なるほど」と信じていたのですが、よく考えたら国が絶対秘密にした話を何でしがない噺家が知ってるんだ……。ね? おかしな話ですよ。

　この先輩は数年前、まだ六十代半ばで鬼籍に入ってしまいました。師匠、花粉症にならなくても死んじまっちゃ何もならないよ――。ときどき思い出す、ちょっとほろ苦い記憶のひとつです。

# 「珍しい竹、どんな竹？」

真冬の京都はとにかく寒いから覚悟するように――一月下旬に京都へ行くと人に言うと、異口同音のアドバイスが皆さんから返ってきました。そんなに揃いも揃って「お気の毒さま」みたいな顔して言ってくれる寒さとはいかばかりのものか。少しばかり悲壮な決意までして新幹線に乗り込んだりもしました。

毎年、京都では大江能楽堂という、築百年をゆうに超える会場で独演会をやらせていただいてはおりますが、この時期におじゃまするのは初めてでした。結論から申し上げれば、初日は拍子抜けするほど穏やかでよいお天気で、二日目は雨に降られこそしましたが、寒さはさほどではなく、まことに恵まれた旅になったのです。

仕事ではなく、まったく行楽だけでしたから、あまり予定をぎゅうぎゅうに詰め込まずに、祇園あたりの喫茶店で一服してからぶらぶら散歩していると「ゑびす神社」というところを通りかかりました。そんなに大きな神社でもなかったのですが「都七福神まいり」という文字が目に入り、そのひとつの布袋様が祀られている「黄檗山萬福寺《おうばくさんまんぷくじ》」の名にひきつけられました。「金明竹《きんめいちく》」という落語の中に、茶道具を立て板に水で次々と挙げてゆく口上があり、その一節に「自在は黄檗山金明竹」という部分があるのです。このお寺の庭に生えていた金明竹という珍しい竹を使ったということですから、それじゃあせっかくだし行ってみよう！ってんで、急きょ「都七福神」を巡ることになりました。

一泊二日の行程で七ヵ所をお詣りするのはなかなかに忙しく、とくに一日目の最後に訪れたお目当ての黄檗山萬福寺は、ほかの六カ所がみな京都市内であるのに対して、一カ所だけ宇治市に位置しており、慣れない電車を乗り継いでの訪問となりました。何となく中国風なたたずまいの境内は広大で、建物も、仏像も庭も見ごたえ充分でした。けれど金明竹がどこにあるか分かりません。お寺のかたにお尋ねすると「あぁ、ときどき落語に出てくるって尋ねて来るかたがおいでですけど、たぶん山門脇の竹薮だと思いますよ」と教えていただいた竹林の竹は、金色の部分があるようなないような……。ま、お寺そのものがとても素敵だったからよしとしよう！　宇治ではほかに八百年以上、宇治橋のたもとで商売を続ける茶舗「通圓」に行き、一休さんの作った木像や千利休の釣瓶なんて驚くようなものが店内にある、その歴史の厚味に舌を巻いたりも楽しい経験でした。二日間、京都のあちらこちらを不謹慎ですけれどスタンプラリーみたいな感覚も半分以上って旅でしたよ。

　そういえば故郷・小田原にも七福神まいりがありまして、私が毎年檀家さんのお集まりで一席やらせていただくお寺もそのひとつ。ある年、本堂で落語を演じているところへドヤドヤと七福神まいりの一行がお越しになりお互いびっくり。落語を中断したことがありましたなぁ。

# 「白鳥師匠の鬼才たる……所以」

落語を「しゃべる」ではなく「作る」という経験をしました。つまり柳家三三作の新作落語。このところ年一回のペースで開催される、新作落語の鬼才・三遊亭白鳥師匠との二人会での企画でした。この会では過去、白鳥師匠作の噺を私が演じる企画を何度か行って、お客さまに喜んでいただきました。実をいうとお客さま以上に喜んでいたのが白鳥師匠。というのはこの師匠、天才的な創作能力を持っていながら、それを伝える言語能力が子どもレベル。私は演じるときに〝皆さんが理解できる日本語〟に直しながら覚えなくてはなりません。すると白鳥師匠はそれを聞いて自分が演じるときに手直しして「三三がオレの噺をやってくれると、そのネタが練られてもっとウケるようになる」と言っておいでなので す。まあ、人の役に立っているならいいんですけどね。

〝目の中に入れても痛くないほど可愛い子ども〟ってのを〝子どもを目の中に入れて可愛がる〟って……。

さて、今回は私に与えられた指令が「元々、存在する古典落語で始まり、途中から違うストーリーの新作落語になること」というものでした。

このような〝縛り〟があるのは不自由な気がしましたが、作り始めるとかえって幸いでした。何のとっかかりもなく雲をつかむようなことにならず、とりあえず多くのお客さまが知っている人情噺「芝浜」でスタートしよう、と決められたのです。ご存知のかたは読者の中にも大勢おいででしょうか、腕はいいけれど呑んだくれの魚屋が女房にせっつかれて出かけた夜明け前の芝の浜で、五十両入った革の財布を拾い……という有名な噺。この拾ったものを財布ではなく、うんと意外なものにしようとしばらく頭をひねり決めたのは「パンダのシャンシャン」――あきれてるかたもおいででしょうが、こっちは真剣ですよ。

でも悲しいかな、私は落語を〝作る〟というのが初体験ではないものの、四半世紀の芸人生活でほとんどやっていなかったことなので、そこまででストップ、先に進まなくなってしまいました。二カ月近く何も思いつかないまま、会の期日まであと二週間ほどに迫ったある日、たまたま別の仕事で白鳥師匠と一緒になり、困り果てた私は「どうしたらいいんでしょうか」と相談しました。私の発想を聞いた師匠は「そのアイデアが良いかどうかはわからないけど、物語の展開として〝殿様などの偉い人が評判を聞いて欲しがる〟なんていうのは噺が転がりだすきっかけになるぜ」とアドバイスをくれました。

まさに救いのひと言！　奇想天外な思いつきばかりで噺を作っているようでいながら、セオリーをきちんと持っているんですね。おかげさまで何とかかんとか二三作の新作落語「芝のたらい（仮）」は完成し、当日のお客さまにはたくさん笑っていただきました。今後どこかで演じるかって？　いやはや（汗）。

# 「三三流　小田原名所自慢」

「おい三三、小田原に○○って美味しい店があるらしいな、知ってるか？」「え？　あ、いや……知らないんです」「何だい、地元だろう？」「え？　あ、はい……エヘへ、すみません」——。

てな会話、楽屋で過去に何度も先輩師匠連とかわしました。そのたびに「ふるさとのことを全然知らないなあ」と落ち込んで、そのうち忘れて、忘れた頃にまた……。「反省するけど改善しない」のが私のいいところ……じゃなかった、欠点ですね、ホント。他人様のことは指摘するんですよ。以前、地方の落語会で、地元の世話役さんが車で宿泊先と仕事先を送り迎えしてくれたことがあるんですが、そのかたが極度の方向音痴。ちょっと油断すると道に迷い、開演時間に間に合わないのではとハラハラしたり、山の中を迷走した挙句に、新興宗教の野営地（？）に入り込んで白い装束の集団と出くわしたり。いちばん怖かったのは山あいの集落で、田んぼの案山子《かかし》にしていたらしいのですが、マネキンや美容師さんがヘアカットの練習に使う首だけの人形、あれらが農道にズラリと並んだところを通ったときです、夜遅くに！　街灯もない道を走るとヘッドライトに照らされて暗闇の中で全裸のマネキンや竹竿に刺された首だけの人形が次々に浮かび上がる、これだけでも非常に恐怖なんですが、運転しているこの世話役さんがハンドル握ったまんま「ギャー」って、ものすごい悲鳴をあげながら……速度は緩めないんです。まあ、暗闇の中に停車されても怖いですけど。無事に帰り着いてからさんざん文句言いましたよ、「地元なのに道に迷わないでくださいよ」って。

でも申し上げたとおり、私も生まれた街について知らないことばかり。この歳（四十五歳）になってくると「これでいいのかな？」と思うことも度々ですね。もちろん自慢できるものもたくさん知っています。その中で私が落語会を開催させていただく会場、小田原市民会館と谷津公民館。何がいいって、どちらも古い！ 日本中の多くの会館や公民館に公演でお邪魔しましたけど、この二軒はその〝時代のつきかた〟ではそうそうお目にかかれないレベルです。

市民会館大ホールの冬の寒さは特筆すべきものがありまして、数年前の公演では開演して緞帳《どんちょう》が上がったとたん、もともと肌寒かった客席に舞台上の冷気がサーッと吹き込み、お客さまのほとんどが脱いでいた上着を着なおして落語を聞いていたくらい。しかもたまたま公演を見に来てくださった小田原市長さんが休憩時間に「暖房をもっと強く」と事務所にお願いしたら「これが精一杯です」とのこと。高座で私が「市長が言ってもあたたまらない市民会館は日本中探してもないでしょう」と言うと大爆笑。

そんな名物ホールも、老朽化で数年後には新しい会館ができるとのお話もあるようで……。それはそれで淋しさを禁じ得ませんね。

# 「歩けども歩けども」

「落語家はどうやって噺を覚えるんですか」——。こんなご質問をよくいただきます。ところが百人百様、千差万別、これという定まった決まりもありません。そんな中、歩きながらぶつぶつ喋って稽古する人がけっこう大勢いるようです。「この覚えかたが一番頭に入るんだ」と、何人もの噺家から聞き、同時に「夢中になって歩きながら喋ってると、警察に職務質問を受けるんだ」というエピソードもずいぶん耳にしました。蛇足ながら私自身は歩きながらの稽古はできないタチで、そのかわり時と場所を問わず、急に始める癖があります。といっても銀行で窓口の受付を待っているあいだにぶつぶつ言い出して、不審者として通報されかけたことがあるだけです。え、十分怪しいですか？

それがこのところ以前より歩くようになりました。きっかけは「稽古したい！」……からではなく『スマホ』なのです。一年と少し前に、長年慣れ——親しんではいないな。ケータイは持たなくて済むなら持ちたくないのが本音ですから——たガラケーからスマートフォンに替えました。そしてわりあい最近、この電話機に〝万歩計〟の機能がついていることに気が付いたのです。「今更かよ」なんておっしゃらないでくださいな。仕事の都合でやむを得ずスマホにしただけなので、自分の必要とする使い方以外にほぼ興味がなく、たまたま発見したんです。「ほほう、こんな機能が……それにしても数千歩。一日に一万歩を超すのは大変そうだな」と思いながら尚も機械をいじると、自分がこのスマホを手にしたその日から今日までの歩数が全て記録されているではありませんか！

それから少しばかり歩くことに興味を示すようになりました。とはいえウォーキングを趣味や日課にするほどの熱ではなく、一日の歩数が少しでも一万歩に近づくように、ほんの少し遠回りをして家と駅とを行き来したり、離れたスーパーまで買い物に行ったりという程度です。そんな中で気づいたのは東京の鉄道、特に地下鉄の駅と駅との近さです。今までは当然のように仕事場など目的地の最寄りの駅で降りていたのですが、出発をほんの5分か10分、いつもより早めにして、ひとつ手前の駅で下車して歩いてみると、お手頃な感じに歩数が増えました。都心部などは本当に思った以上に駅間が短いようで、先日は虎ノ門で仕事終わりにふと思い立ち、東京メトロ銀座線の通りに新橋→銀座→京橋→日本橋→三越前→神田まで歩いてみたのですが、五千歩ほどでした。一万歩ってなかなかいっぺんにはむずかしいようですなぁ。

さて、そんなことをしているとまさに〝犬も歩けば棒に当たる〟的出来事にも遭遇します。後楽園の駅近くで上京したての大学生らしい男の子が「うわぁ大きな建物だ！　すごいなあ……東京ドーム何個分くらいかなぁ」と見上げていたのは、まさに東京ドームそのものだったのです。

# 「想定外だった素朴な疑問」

歳月人を待たず——近ごろやたらと腑に落ちる言葉になってしまいました。高校を卒業したての紅顔《こうがん》の美少年……そんなにいいものじゃなかったかな、とにかく希望と不安を抱いて落語の世界に飛び込んだのがついこの間と思っていたら、もう四半世紀以上も前のこと。大人になった実感はなく、未熟なままのようでいて、若い人とは確実にジェネレーションギャップを感じてしまう、何とも中途半端な気分です。

依頼をいただく仕事も少しずつ変化がありまして、二ツ目時代から真打昇進直後にずいぶんあった学校公演のお話が、ここ数年は年に多くて二、三回、最も多かった頃の十分の一ほどかな、というところ。

先日、仙台のとある私立の学校公演におじゃましました。過去に何度かうかがったことのある学校で、以前に私の落語を聞いてくれてたことのある生徒さんも多いという、これは珍しいことなんです。初めてこの学校におじゃましたときの驚きはハッキリ覚えています。楽屋代わりの教室に通されると机の上に紙の束。何でも落語を聞くにあたり、初体験の生徒がほとんどなので事前に関連資料を読んだりDVDを見たり、予習の授業をした上で、今日の公演に臨《のぞ》む一人ひとりの意気込みや質問事項を記入してあるとのことで、その数二百枚近く。中でも印象的な一枚が「柳家花緑さんのDVDが面白かった。仙台の街に来た柳家小三治さんを見に行って面白かった。今日演じる三三さんは同じ柳家ということで、どんな落語を聞かせてくれるかお手並み拝見です」というものでした。もちろん手並みをご覧いただくために一生懸命しゃべりましたよ。その日は……いやいや、その日〝も〟。

さて今年も楽しみにやってきたこの学校、小学校一〜四年生対象の公演もありました。小さい子たちに興味を持ってもらうために、高座ではまず自己紹介。そのときに「三三というと堅苦しいから〝ミミちゃん〟と呼んで」と、全員に大声で〝ミミちゃんコール〟などもしてもらってツカミはOK。

小学生に一番喜ばれる演目は「寿限無《じゅげむ》」です。長い名前をくり返すところでは一緒に言ってくれる子もいるほどです。ぶたれて言いつけに来た子どもの「あんまり名前が長いからコブが引っ込んじゃった」という落ちで終わったのち、5分程時間が余ったので「何か質問あるかな?」と訊くと、一年生の女の子が「どうして名前が長いとコブが引っ込んじゃうの?」と。……しばし時が止まりました。その子は今まで一度もタンコブができた経験がないのだそうです。それから私は懸命にぶたれたりぶつけたりするとコブができること、少し時間が経つと引っ込むこと、短い名前を言う時間では引っ込まないけれど〝寿限無〜〟はコブが引っ込む程に長い名前だよ、と説明すると、その子ばかりか会場中が「あァ、なるほど」って……。難しいですね、落ちって。

# 「夢中になった名勝負」

とにかく野球でしたね、子どものころの遊びといえば。鬼ごっこも、かくれんぼも、ドロケーもしたけれど、やっぱり野球。

あ、そういえば〝ドロケー〟って神奈川の西のはずれ、小田原では言ってたあの遊び。皆さんの地域じゃ何て呼びますか？　ケードロ？　泥棒と警察？　泥棒？

そんなことはどうでもよくって、とにかく野球です。家の目の前が広場で、近所に男の子が十人くらいいましたから、毎日毎日、本当に飽きもせずよくやっていたものです。友達はみんな野球帽かぶって、プロ野球カードがおまけのポテトチップス食べて、話題の中心は昨日のプロ野球。小学生になる前から小生意気に毎朝、新聞を読むようになったのも、野球の記事を読むためがきっかけでした。

野球を新聞で読むとまた違う世界ですよね。プレー一つひとつを片仮名だと字数とられるから漢字表記、これが子ども心におもしろかった。『捕邪飛』……親に聞きましたよ。わからないもの。「キャッチャーへのファウルフライだよ」「へぇ、じゃあ『三直』は？」「サードライナー」……こんな漢字ばかりの言葉がスラスラわかるなんて、お父さんは中国人かもしれない――。ほじゃひ、ニッポン語の響きじゃないな。

ただし、好きと上手下手というのは比例するものではないのも世の常です。運動音痴はいかんともしがたく。小学生時代に地域のソフトボールチームに参加したものの、三年生で競技生活にピリオドを打ち、あとはもっぱら二歳上の兄（運動神経いいんだ、この兄ちゃんがまた）の応援ばかりしておりました。

観戦専門になってからはテレビの中継、プロ野球と高校野球が楽しみでした。ところが時代は変わるものですね。地上波のゴールデンタイムから、野球中継がこんなにきれいさっぱりなくなるなんて想像すらしませんでした。昔は夏場の夜のテレビといえばプロ野球のナイター中継、そのうえ試合が延びれば放送時間の延長もありました。今は個人の好みが細分化されて、日本中がそれ一色に染まる、ということ自体がなくなりましたもんね。

そうだ、テレビの野球観戦といえば、いちばん夢中になって観たのは一九九八年の夏の甲子園。『平成の怪物』松坂大輔投手を擁《よう》する横浜高校が、春・夏連続優勝を達成した大会です。好左腕・鹿実の杉内俊哉投手と投げ合った2回戦、名勝負の準々決勝・PL学園戦、奇跡のような逆転劇の準決勝・明徳義塾戦、そして決勝でノーヒット・ノーランを達成した京都成章戦などなど、ほとんどの試合をリアルタイムでプレーボールからゲームセットまで夢中になって観ていました。考えてみれば前座修業が終わり、二ツ目になってすぐの、いちばん仕事のない時代でした。あの夏ぐらい喋らずに観ているだけの生活だったのは珍しいなあ。

# 「小田原の？　長やかなる黒い魚《うお》」

昨晩（八月二十日）、今年初の秋刀魚《さんま》を食べました。ご承知のとおり不漁で高値と言われている今シーズン、思いもかけぬことでしたから驚いて奥さんに聞くと「この前一匹580円て、ビックリするほど高かったの。今日みたら三匹で580円でしょ、あっ、安いと思ったから」……どうなんですか？　安いんですかね？　まァ深くは考えまい、美味だったのでそれでよし。

この稼業をやっていると、秋に呼んでいただいた落語会で世話役さんから「せっかくだから『目黒の秋刀魚』をやって下さいよ」とご依頼をいただくことが多いのは、宿命といえます。ただ残念なことに、私はこの噺が……できないワケじゃないんです。二ツ目の頃に稽古していただき、何度かは高座にかけたことがありますが、いわゆる「持ちネタ、得意ネタ」として演じるほど手の内に入っていないという状態です。

決してキライなのではありません。けれど自分が演者になったとき〝好き〟と〝できる〟は案外、一致しなかったりします。これはね、どの噺も実際にお客さまの前でしゃべってみないことにはわからないんです。好きで好きで、それこそ噺家になる前から「このネタを絶対十八番《おはこ》に」なんて意気込んでいた演目でも、ダメなものはまるでウケない。あべこべに自分では特に思い入れもなく、人にすすめられて気乗りしないまま高座にかけたら、馬鹿に喜ばれて持ちネタになっちゃったなんてこともよくあります。

「目黒の秋刀魚」は子どもの頃から本で読んだり寄席で聞いたり——そういえば初めて

「目黒の秋刀魚」を生の高座で聞いたのは中学一年生の九月、鈴本演芸場で林家木久扇（当時・木久蔵）師匠の演じたものでした。とても面白かった以上に印象的だったのは「黄色以外の着物も着るんだなぁ」ということ――。演じるたびに「子どものときに聞いたこの噺はもっと面白かった」と思ってしまうのが、あまり演じない理由なのかもしれません。

食事に好き嫌いのないタチですが、秋刀魚はことのほか好物で、一匹食べると頭と背骨と尻尾しか残らない、テレビのアンテナみたいな状態です。それほど好きになったのは小学六年生の夏休み、当時はお城に夢中になっていて、父に頼み込んで妹と三人で姫路城へ行ったんです。神奈川の小田原から日帰りですから、新幹線を使ったとはいえかなりの強行軍。大袈裟でなく夢にまで見た憧れの城を見て回り、疲れ果てて帰宅すると、晩ごはんが秋刀魚でした。空腹きわまるところへ焼きたてで美味しいのなんのって、むさぼるように何匹も食べました。以来、私にとって特別な魚になったのです。

秋刀魚は目黒ならぬ〝姫路帰りの小田原〟に限る……うーん、落ちにはならないな、残念だけど。

# 「月に叢雲《むらくも》花に風、秋の落語は要注意？」

秋たけなわ、催し物の多い時期だから仕事のご依頼をいただく機会も多い。落語を聞いていただくだけでなく、別の要素とからめた企画も随分《ずいぶん》あります。食とのコラボレーションは、その中でもいちばん頻度が高いですね。おそばと落語とか日本酒には酒飲みの噺とか。変わったところで落語とフレンチ、実は案外多いんです。特別な催しでなくても定期的な街の落語会の会場がそば屋さん、居酒屋さん、寿司屋さんなんてことはよくありますし、中華料理屋の回転テーブルが高座だったなんて笑い話も多くの噺家は経験済みです。

こんな催しの宣伝文句によくあるのが「○○と江戸前の粋な古典落語を……」というような言葉。見るたびに居心地の悪さをおぼえてしまいます。何がって、私は江戸ッ子じゃないし、粋な雰囲気も全然ないし……。不当表示にならないように隅っこに小さく書いておいてもらいたいですね「出演者は江戸前でも粋でもありません」とか。〝爆笑寄席〟なんて会には「全てのお客さまが爆笑できる訳ではありません」。〝○○名人会〟なら「当日は〝名人〟は出演しません」とかね。え？　言われなくてもわかってる？　……ああそうですか。トホホ。

食以外の企画では雰囲気に流されて、実際やってみたら想定外のトラブルが発生ということも、時々起こってしまいます。

数年前、とある温泉旅館での催しに出演依頼がありました。そこは広大な日本庭園が自慢で、その見事な庭に高座と客席を設けて、十五夜の月を愛でながらの〝秋のお月見寄席〟というのです。ちょっと想像すると素敵な、風情のある催しだと思いました。しかしすぐに懸念がいくつも思い浮かびました。音響は？　照明は？　その光に集まるであろう虫は？　何より屋外で雨のときには？

ひとつずつ対策は考えてくれていました。音響は屋外でもよく聞こえる高品質の機器を、照明も抜かりなく、しかも虫もなるべく少なくなるよう最大限の努力を払う。万が一、雨が降ったら庭園のよく見える広間での開催にします、と。最初からその座敷じゃダメなのか？　とは思いましたけれど、まぁそれは口には出しませんでした。

準備段階での問題は高座と客席の位置でした。主催者は広い芝生部分に客席を設け、その前に池があり、池の向こうの松や紅葉《もみじ》の植えてある部分に高座を、とのこと。池に月が映り、植木に囲まれた舞台……風流ですけれど客席との距離が遠すぎる。落語はゴルフじゃないから〝池越え〟はご免です。けれど先方たっての希望なので承知しました。

当日は天候にも恵まれて、思ったよりも虫も少なく、口の中に飛び込んで来そうな蛾《が》が乱舞することもなくひと安心、と思ったとたん、マイクにぴょん、と一匹のコオロギ。次の瞬間〝リーン〟と鳴き始め、これがマイクに乗ってスピーカーから大音量！　……中断。虫は鳴き、私は泣きました。

「月例三三独演
配信特別版」

# 「痩せの大食いデビュー秘話」

噺家仲間ではちょっと知られた大食漢である。

何の脈絡もないカミングアウトで申し訳ありませんけれど、まあ今回はそんな話題です。一応あまりご存じない読者のかたも大勢おいででしょうから自己申告しておくと、身長179センチ、体重60キロ少々、いわゆる〝痩せの大食い〟の類い。高校生の頃まではその自覚はなく、芸人になってから、その才能を開花させせました。別に開かなくてよかったんだけど――。

何となく人より食べる量が多いと気付いたのは入門後まもなく、見習いといってまだ芸名もつかず、毎日師匠宅の掃除ばかりをしている修行期間のことです。見習いは給料などはなく収入なしなのですが、師匠の家で食事はさせてもらえます。芸歴が一年ほど先輩(彼は見習いを終え、寄席の楽屋で働く前座という階級でした)の兄弟子と、朝の掃除を終えて、師匠もおかみさんも起きてこないうちに二人で朝食をとっていると、アニさんが毎日ニヤニヤと私の顔を見ているんです。

「何ですか？　アニさん。私の顔に何か？」

「え？　いや、何でもないけど……まァ、よくノセるなと思ってよ」

「のせ……？　何ですか？」

「あァ、楽屋の符牒《ふちょう》(業界用語)で食べることを〝ノセる〟って言うんだけど。まァ大ノセだな」

そのときはそれっきりの会話でした。その後、見習いを終えて前座として楽屋で働き始めると、先輩の前座が寄席の仕事を終えての帰りによく「ノセていくかい？」と食事に連れていってくれました。一緒に楽屋で働いた前座数名で行くんですが、この場合、年期の一番古いアニさんが全員分をおごってくれるのが習わしで、古株とはいえ前座の給金はその頃寄席で一日働いて二千円足らず、ありがたいことでした。ありがたいと思いながら先輩の「好きなだけ食べな」という言葉に甘えて思いきり食べていましたねぇ。

ある先輩が安いステーキ屋があるからと連れていってくれました。サーロインなのに680円で、しかもごはんおかわりし放題。いつも以上にペースは早く、肉ひと切れでごはんひと皿をペロリ……、そんなこんなで七、八杯食べたところで先輩が声を潜めて「おい、店の人が怒ってるからもうよしとけ」と止めます。「そうですか？　別に何も言われてませんけど」「あのな、何杯か前から皿に平たくよそわれてたごはんが……、違うんだよ」。言われて見るとライスの皿には、明らかに〝しゃもじ突っ込んで持ち上げて皿に載せただけ〟とわかる、ほぼ立方体のごはんのブロックがゴロリ。「……怒ってますね」。残念ながら、ごちそうさまと店を出ました。

後日聞いたら、一年先輩のアニさんは「あいつは大食いで、役に立たない」と楽屋で噂を流し、それが「噂よりは働けるよ」と良い印象になることを狙ったのに、私はそれを上まわる「食うだけのポンコツ」だったのです。

# 「あぁ良かった、柳家一門で——。」

　今月は私、柳家三三が大食いだというお話しです。……おいおい、やたらに食べるって先月書いてたじゃないかとツッコミを入れた読者のかた、まだネタはあるのよ。そう、大食いの話題だけに「おかわり」です。

「おかわり」といえば「わんこそば」でしょうね。ええ、もちろん挑戦しております。

　本場・盛岡の名店『東家《あずまや》』さんでの初挑戦は二〇一三年の四月二十三日。その日の夕方から、前座もいない本当に二時間の独演会があるのに……です。で、もうダメだとギブアップした後で、ある先輩が「うちの弟子（前座）がとんでもない大食いで、この前東家さんで周りがびっくりするくらい食べてさ。無芸大食もいいところさ」と嘆いていたのを思い出しました。そこでその師匠に電話して「この前……ゲプ……お弟子さん何杯食べたんでしたっけ？」「おう三三か？　あいつ、いくら若い前座だからって呆れるぞ。１４６杯」「……あの、いま私、１５２杯食べて、これから独演会で」「……バカだろ、お前？　ブチッ、ツー、ツー」。ま、そうなりますわな。

　ただ口惜しいのは、その直後に訪れた弟弟子・柳家ろべえ（現・小八）さんに、１５６杯と上を行かれたことでした。そのままにはしておけないので今年（二〇一九年）、再び挑戦しましたよ、六年ぶりに。抜き返しましたよ、２１１杯。ちなみにわんこそば15杯で街のそば屋さんのもりそば1枚分くらいと言われています。記録更新はうれしかったんですが、また口惜しいことがひとつ。一緒に行った前座さんが２１７杯と、あっさり上を行かれたことです。これを抜き返す闘志は……まだ湧いてこないんですよねぇ。

　私はこの大食らいの事実を、元々は自分の師匠には内緒にするつもりはなかったものの、目の前でその食べっぷりを披露する機会がなかったので、知られていないと思っておりました。それがあるとき、師匠の家族も一緒で食事に連れていってもらった折、師匠がやたらめったら注文するんです。お嬢さんが心配になって「お父さんやめてよ。多すぎて食べきれるわけがないわ」と言ったときの師匠のひとこと。私の方をあごでしゃくって「大丈夫だよォ、こいつがいれば全部食っちまうんだ。ゴミ箱みてぇなもんだぞ」「……あ、師匠、私が大ノセ（大食漢）だって知ってたんですか？」「あたり前だ。いろんな師匠の打上げで食いまくってるだろう。どこ行っても『小三治さんとこの今度の新入りの食いっぷりは』って、ひやかされるんだ」。返す言葉がありませんでした。

　蛇足ながら、大ノセが面白がられたり、笑って許されるのは、落語界では柳家一門くらいです。よその一門だと「野暮の極み」と白い眼で見られることも。たまたまとはいえ、柳家の噺家になったというのは自分で言うのもナンですが、先見の明があったんですよ。

# 「噺家の数だけ、かたちは違う」

　ますます寒さのつのる今日この頃、ワタクシごとですが、夕食で鍋料理の頻度がうなぎ昇りです。個人的な〝三大鍋〟は、①きりたんぽ鍋、②キムチ鍋、③おでん、ですね。おでんは鍋料理じゃないとか、キムチは……って異論はさまざまおありでしょう。却下しますよー、全部。

　とにかく冬の夜、寒ければ寒いほど鍋は美味しくなるものです。細かいことは気にしないで楽しみたいなあ。潔癖症な人は、他人とひとつ鍋をつつくなんてあり得ない、絶対ムリってかたもいるそうですね。大ざっぱな性格の私には思いもよらないこと、やはり人間は〝十人寄れば気は十色〟、性格が違っていて興味深いと感心してしまいます。

　鍋はやはりひとりじゃさみしい、大勢でわいわい盛り上がりますね。そんなににぎやかな席は、私達落語家にとっては「打上げ」という名の宴席で縁の深いものです。別に我々の世界独特の風習ではありませんし、一般の会社や集まりでも、ひと区切りつける〝お疲れさま〟の意味を込めて行われるもの。落語会の終演後に出演者、ときにはスタッフさんをまじえて労をねぎらう場を持つことはたびたびです。

　さらに落語会にはもうひとつの打上げのかたちがあります。それはお客さまも一緒に参加しての宴席という形態。今聴いていただいた落語についてあれこれ感想をうかがったりしながら親睦を深めようという場でもあります。芸人というのはこういうときに如才ないものですから、お客さまには落語会と同じくらい、どうかするとそれ以上に楽しんでもらいたい思いでお相手しますけど、それは同時に自分も楽しい時間である場合も多いんです。若手の時代などは、応援してくれるご贔屓《ひいき》が増えるというありがたい効果もありますしね。

　しかし私は二ッ目時代のある出来事をきっかけに、自分の主催する落語会ではお客さま参加の打上げをやらなくなりました。それはいろいろ世話してくれるかたの勧めもあり、後援会が発足する記念の独演会を開催したときのこと。定員百人程の会場に八〇名以上の入り、その当時の二ッ目の会としてはかなりの規模です。そこで皆さんとの交流を深めたいと、終演後の打上げを企画し、参加を募ったところ、希望者が何とひとりだったのです。これから三三を応援しようという後援会発足の会で、ですぜ旦那。ええ、思わず旦那と言っちまうくらい取り乱しましたよ。結局、打上げは中止です、当然といえば当然ですけど。言い方はおかしいのですが、そこで学びました。私の落語を聴きに来てくれるかたは打上げでお酒を酌み交わして楽しむより、客席で噺そのものを味わいたい思いが強いのだろうと。今でも、そしてこれからも、出演者やスタッフさんだけの打上げという私のスタンスは変わらないのかなと思っています。

　あらためて申し上げますが〝十人寄れば気は十色〟、噺家の数だけ打上げのかたちあり、というところでしょうねぇ。

# 「冬とは、あきらめの季節なり」

この冬はことのほか暖冬だそうですね。ニュースでも「雪がなくて」あんな行事、こんな催しに支障が出て……といったものがよく見受けられました。私自身も実感がありました。毎年お正月の寄席、初席(元日〜十日)の期間中は着物姿で自宅から寄席やそのほかの落語会の会場へ移動するんですが、今年(二〇二〇年)はほぼ寒さを感じませんでしたから。

和服というのは袖口や裾の風通しがいいものですから、きちんと防寒しないと大変です。裏起毛の足袋の上にもう一枚足袋を履いたり、レッグウォーマーをしたり、◯ニクロのヒートテックの下着などは欠かせないアイテムです。着物姿で颯爽と楽屋入りして、若いご婦人に「粋だわ」なんて言われるには涙ぐましい苦労が必要なんです。……まァ実際はその苦労は報われず、声なんざ掛けられませんけどね。そういえば去年は落語会でおじゃました町田市民ホールの入り口で、女性に「あのぅ……」と声をかけられまして、握手かしら？　サインをしてくれなんて、と思って立ち止まったら「友人が急に今日来られなくなって。チケットお持ちでなかったら差し上げます」ですって。洋服姿で会場入りするから、時折あるんですけどね。

そんな余談はともかく、私はたいそう寒がりなものですから、冬場の対策は大事です。風邪でもひいて仕事に行かれないとか、声が出ないなんてことになったら洒落になりません。かといってむやみに厚着すると肩が凝るんですね。ですから適切なところにカイロを貼ったり、体が冷えたと感じたときは白湯《さゆ》を飲んで芯から温めたり、ほかにも防寒や体が温まるという方法を教わるとにかくいろいろ試してみます。唐辛子の成分、カプサイシンが入っていてポカポカすると謳っている靴下なんてのを、ずいぶんたくさん買い込んだ時期もありましたっけ。

帽子や手袋も有効なアイテムですよね。ところが私は極端に物忘れがひどく、身のまわりの物をすぐに紛失してしまうんです。現にこの原稿を書いている今日も、昼間デパートの手洗いに大事な荷物を入れたリュックを置き忘れ、1時間以上たってから気がつき大騒ぎでした。忘れ物コーナーに届けてくださった親切なかたのおかげで何ひとつなくなることなく無事に戻りましたが、今までどれくらい物をなくしたことか。普通の人でも忘れがちな帽子や手袋は、私にとって「紛失までのカウントダウン」の時を過ごすようなものです。しかも奥さんからのプレゼントとか、大事なものに限ってなくなるんですよ。これは絶対に大切にしようという思いが強ければ強いほど、帽子や手袋たちは私のもとを去っていきます。今は上着のポケットの中に「いつなくなっても構わない」というつもりで何年か前に買った薄手の毛糸の帽子だけが、しわくちゃで入っています。

今年は暖冬で帽子・手袋をせずに過ごせていますので、ある意味穏やかな日々なのです。

# 「流行病に弱いのが噺家のさだめ？」

災難はいつどんなふうに降りかかるか、わからないものです。一月には中国で流行していた病気、「春節で日本にも入ってきたら困るねぇ」なんて、なかば他人事でいたものが、あれよあれよという間に日本中を混乱におとしいれ、さまざまな催しが「中止」「無観客」という事態に追い込まれたのですから。

落語界も普段は世の中の流れにうといのですが、今度ばかりはさっそく大打撃を受けました。何しろ不特定多数の人々が狭い屋内空間で長時間の濃厚接触、しかもほかの芸能に比べてお客さまの年齢層が高めときています。続々と落語会の中止や延期の連絡がありました。噺家は月々決まったお給料をもらうサラリーマンではありません。毎日依頼をいただいた場所にうかがっては一席やって、その出演料を頂戴する〝日雇い〟仕事。高座でしゃべらない日は〝休み〟ではなく〝失業〟状態で、ほとんどの落語会が中止となった三月は、ヘタすりゃほぼ無収入です。

でもね、それを「どう保障してくれるんだ」とか「世の中が悪い」と騒ぎたてるつもりはありません。噺家という稼業はこの世にあってもなくてもどころか〝なくてもなくても〟いい商売。好きな落語をやって生きていられるだけで御の字、安定した収入とか生活の保証なんかどこにもなくて、世の中が大変になればまず最初に食いっぱぐれるくらいの了見がなけりゃあやっていけません。

都内の四軒の定席、上野鈴本演芸場・新宿末廣亭・浅草演芸ホール・池袋演芸場は通常どおり興行していますが、やはり影響は避けられずお客さまの入りはあきらかに減っているそうです。これ以上客足が落ちるとねぇ……意図してないのに「無観客」なんてことになりかねません。スポーツだって厳しいけれど、笑っていただくはずの演芸が無観客はシャレにもなりませんから。

　風邪やインフルエンザが流行すると、楽屋がまた大変。お客席とは比べものにならない狭い空間で、しかも個室などなく大看板の師匠からペーペーの若手まで同じ部屋なのが寄席の楽屋、しかも大勢が入れ替わり立ち替わり同じ座布団を使い、洗いこそすれ湯呑みやコップも使い回し、着物だってみんなが同じ……ってコレは冗談ですよ。

　たまに落語好きなお客さまでも「寄席の楽屋には衣装の着物があって、皆さんそれを選んで着るんでしょ？」というかたがおいでですが、噺家の着物は昨日入ったばかりの前座も含めて全員自前です。念のため。

　おまけにとんでもなく意識の低い師匠もおいでてでして。もう八十歳近い高齢の師匠がインフルエンザにかかったというので、ある日

お休みに。ところが翌日からまた出演すると楽屋に来ちゃうんです。皆が驚いて止めたら「熱はあるけど声も出るし歩けるし、大丈夫大丈夫！」……いやいや、あなたも心配だけど周りにうつすでしょって話ですから！

# 「この瞬間が貴重で大切な経験となる」

いやはや、大変なことになってますね。ええ、新型コロナウイルスの猛威です。東京オリンピック・パラリンピックまで延期になり、世界中で人々の生活がおびやかされることになるとは……。

前回少しお話したとおり、落語界も相当数の催しが中止や延期となり、上野・新宿・浅草・池袋、四軒の定席も通常興行していましたが、三月二十八・二十九日は東京都の中止要請により休席を決めました。

寄席文字（寄席のメクリなどに使っている字体）書家の橘右楽《たちばなうらく》師匠は江戸時代からの寄席の歴史を調べ、資料を収集しているかたです。二〇一九年、ＮＨＫの大河ドラマ「いだてん」で明治期や昭和の寄席が実に見事に再現されていたのも、右楽師匠の資料なくしてはできなかったことだそうです。先日、お目にかかった折に「三三よ、このコロナ騒ぎで寄席の世界がどんな目に遭ったか記録を残しておきたいんだ。三月の仕事の状況を教えてくれるかい？」とのこと。そこで仕事の予定と、中止や延期の実態をお伝えすると「想像以上だなぁ、ほとんど仕事なくなってるぜ」「仕方ないとしか言いようがありませんよね」「まったくなぁ……」なんて、二人でため息。この厄災は後世どう伝わり、未来の人たちは何を思うんでしょう。

ご依頼いただいたお話が流れただけではなく、自分が主催する会も、リスクのあるところへお客さまに集まってくださいとは言えず中止に。それでも指をくわえて黙ってもいられず、会が予定されていた当日同時刻にカメラの前で落語を演じ、ＹｏｕＴｕｂｅで無料のライブ配信をしてみました。発案時は大相撲のむこうを張って〝無観客落語〟なんて笑っていましたが、「笑い声や拍手が画面から聞こえてきたら、より雰囲気良く見てもらえるんじゃないか」という助言をもらい、数人のスタッフ・身内の前での口演となりました。

当日の番組は三三の落語「加賀の千代」と「花見の仇討」の二席、会に出演予定だった二ツ目・立川吉笑さんの新作落語「舌打たず」、出囃子を毎回演奏してくれる長澤あや師匠の寄席囃子実演という内容で、いろどりも良かったのではないかと。目の前にお客さまがいると、その反応によって自分の噺が臨場感のある状態で導いてもらう感覚――これは通常の高座と同じ気持ちですね――を味わいながらおしゃべりができました。画面を通してご覧になった皆さんにも、少しでも現場でライブを体験している空気を感じていただけたなら幸せだけど……どうだったかなぁ？

簡素な機材だったので充分な映像・音声ではなかったこと、本職が無料で芸を公開することに異論はあると思います。けれど、その瞬間しか見られない生配信のために皆さんが気持ちと時間を割いてくださる、それが落語を演じる心のよりどころになりました。私にとって、とても大事な体験となりましたよ！

# 「やんわりと伝えたかったのに」

最初におことわりしときます。食事しながら読んでいるかたは終わってからにしてくださいね。読むのを後回しにするか、食べるのを後回しにするかはご自由ですけど、生存に欠かせない食に優先するようなことはこれまでも、これからも書けませんので食事優先がお勧めです。

はっきりした年月は忘れましたが、たしか小学校五、六年生の頃の話です。夕食後でしたか、いつものようにのん気にリビングでテレビを見ていると、突然はげしい腹痛に襲われました。ふだんからお腹をくだして手洗いに駆け込むことの多い私でしたが、いつもの痛さとはまるで違うその感覚といったら……。始めは下痢だと思っていた母も、さすがに様子がおかしいと病院に連絡をしてくれまして、何と救急車がやって来ると、市立病院の夜間救急へ担ぎ込まれてしまいました。

到着すると動くこともままならないため、ストレッチャーで診察室へ。男性の医師が現れると、服を下ろした私のお腹をさわりながら「まァ盲腸だろうな」とはじめは言っていましたが、はげしい痛みが下腹部の中央あたりだとわかると、横にいた看護婦さんに目配せして小声で何かを告げました。横たわる私の視界から一度消えた彼女はややあって人さし指の先にゴム製のサックをつけて再び登場すると「ちょっと腰を浮かせてくれるかしら」と言いました。それこそ必死の形相で少しばかり浮かせた私のお尻に、次の瞬間かつて体験したことのない感触があり、思わず「あうぅ……」と声が漏れました。そう、肛門に看護婦さんの人さし指が侵入したのです。

静かに指を抜いた彼女が私の顔をのぞき込んで「どう?」と聞いたときには、もう切迫したものがあり、一目散にトイレに駆け込みました。

　ひとしきり用を済ませて戻ったときには、お腹の痛みはきれいさっぱりなくなっていたのです。つまり……単なる便秘でした。何事もなくなった私は痛みの代わりにはげしい羞恥心に襲われました。たかが便秘で泣きわめいて救急車を呼んだあげく、お尻に指を入れられて用を足したら嘘のように治ってしまった……。顔から火が出るような思いの私は痛みがもうまるでないのに、先生に「どう?」と聞かれても本当のことを言えず「ええ、まあ、さっきより痛みは和らいで……まだ完全に治ってはないけど、いずれ」なんてあいまいな答え。子どもの稚拙な嘘など先生も看護婦さんもとっくにお見通しのはずなのに優しい笑顔で「また具合が悪かったら来てね。家でゆっくり」と送り出してくれた心づかいに感謝でいっぱいになりました。


　あの、今回つまり何が言いたかったかというと、医療の現場に携わっている皆さんに尊敬と感謝の念を直接お伝えするのではなく、やんわり感じていただく文章にしたかったけどダメだったので、直接言います。

「皆さんありがとう、応援しています!」

# 「不意に出会う香りに誘われて」

書くことがなくて困っています。

この連載は、芸人としてどころか人としても面白味に欠ける私の日常に、ごくまれに起こるちょっとした出来事をそのまま記したもので、主義や主張は入らないというか、もともと言いたいことなんてありません。そのちょっとした出来事すら起こらないときは昔のエピソードをご紹介しますが、物忘れが人並み外れているのです。

二月末からほぼ仕事をしていないので何も起こりませんし、思い出話の種も尽きました。何せ先月は尻の穴に指を入れられた話、ネタの涸渇《こかつ》ぶりが察せられるというものです。

この三カ月、何をしていたのか思い返してみると、びっくりするほど何もしてませんね。起きて朝兼昼食、片付けて多少の家事をすると午後になります。必要があれば歩いて買い物をして戻ると日暮れです。夕食を済ませると楽しみにしている食後の甘味、片付けを済ませるとゴミ捨てして、風呂に入ってもう寝る時間……。ほら、何か特別なことをする暇はないんですよ。

不要不急な外出は控えるいい子な一般市民でしたが、必要な物が出てきます、暮らしていくには。最小限の買い物に出るんですが、人の多い状況を避けるために裏道や細い路地を通る機会が必然的に増えてみると、多くのお宅の庭や玄関先できれいな花が咲いていることに気づきました。ちょうど季節も四月から五月にかけて、色も大きさも形もさまざまです。今まで家を出て駅までの道も、そう思って少しゆっくり歩いてみると目に入っていなかっただけでやっぱり花はたくさんありました。ずっとただ通り抜けてゆくだけの通路であった存在が、違った一面を見せてくれることに今まであまり味わったことのない喜びを感じて、自分でもちょっと驚いているところです。

もうひとつ今さら驚いたことは、花っていい香りがするんだなっていうこと。まさに今さらなのですが、私は今まで香りのする花って沈丁花《ちんちょうげ》と金木犀《きんもくせい》くらいしか意識したことがなかったんです。ところが花の存在に少し思いを致しながら歩くようになってみると、ときどき何かふと気持ちが動くことがあり、それがどうしてかを考えてゆくと「あ、匂い。これは花の香りかな」と気づくようになりました。バラの香りをかいだとき「ああ、バラジャムの匂い」と思ってしまったのは苦笑い。この春とても印象的だった香りの花はテイカカズラと柑橘系の花ですね。

でも悲しいかな、この歳までほとんど興味を持たずにきてしまったので、花の名前がわからない！　テイカカズラなんて聞いたこともなかったし、見る花見る花ちんぷんかんぷんなんです。

けれどそれをひとつずつ知ってゆくためにポケットサイズの図鑑も入手。もうしばらくは仕事もないから楽しめそうですよ。

# 「雨が連れてきたおまけ」

今年の夏は例年にくらべてだいぶ暑くなりそう――ここ最近の天気予報でたびたび耳にする情報です。なんだか毎年〝記録的な猛暑〟が続いているような印象で、それならこの記録的が例年なんじゃないの？　とすら思えてきます。ひと頃のボジョレー・ヌーボーの味の評価みたいに。〝百年に一度の当たり年〟〝百年に一度と言われた去年を上回る〟〝ここ十年で一、二を争う〟……何がなんだかわからなくて面白かったですけどね。

確かに以前と雨の降りかたなど変わったかしらと感じますよ。〝記録的な降り〟が連日だったりするんですから。近頃は〝夕立ち〟なんて言葉、めっきりお目にかかることがなくなりました。じゃあ雨が降らないのか？降りますよね。呼び方が〝ゲリラ豪雨〟ってんです。味気ないと思いつつ、いざ降られるとゲリラ豪雨、うまいこと言ったものだと実感したりして。

数年前の七月、群馬の伊勢崎市に落語会でうかがいました。会場は大きなお寺の本堂、境内も広く、建物は相当時代を経ています。大勢のお客さまが来てくださり会は盛況、トリの一席も後半にさしかかった夜8時半すぎ、にわかに〝ゴロゴロゴロ〟という雷鳴が響き、降り始めた雨が屋根を打つ〝ゴー〟という音が本堂内を満たし、まさにゲリラ豪雨です。

噺が終わり無事終演……と言いたいのですが、相変わらずのどしゃ降りで、高座から見るお客席の皆さんの不安気な表情。「傘お持ちですか？」と問うとほとんどのかたが首を横に振ります。「それじゃあいつまでも本降りじゃないでしょう、小降りになるまで小咄でもやって時間をつなぎましょうか」というわけで、急遽《きゅうきょ》もう一席となりました。

　どんな噺をしようかなと思ったとき、ふと頭をよぎったのは「ここ、群馬ってことは上州だよな、昔の。雨に降り込められて困ってる……『国定忠治・山形屋』だ！」。江戸時代の侠客、ご存じ国定忠治がどしゃ降りの雨を避けて雨宿りしたお地蔵様の祠。そこでたまたま聞いたのが信州・権堂の女郎屋、山形屋の悪だくみ。可哀想な百姓親子を助けるために、単身忠治が山形屋へ乗り込んで胸のすく啖呵《たんか》を切っての大活躍……という、これは落語じゃなくて講談のネタです。けれども私、大の講釈好きが嵩じて、侠客物を演じたら当代随一の名手、講談師の宝井琴柳先生にこのネタをお稽古していただいていたのです。

　ただし噺というのは、すぐできるものと、ちゃんとおさらいして覚え直さなければというものがあり、『忠治・山形屋』は後者です。けれどそこは勢い、そして「おまけの一席だから間違えたって怒られやしない」という図々しい開き直りでポーンと一席。30分しゃべり終わって気づくと雨はきれいにあがってるじゃありませんか！　お客さまのホッとした笑顔と家路につく後ろ姿、忘れられない一夜になりました。

# 「唯一無二の透明感(?)」

当連載もおかげさまで70回、そして最終回です。どうぞおしまいまでごゆるりとおつきあいください。

かの夏目漱石は小説『三四郎』の中で登場人物の口を借りて私達のご先祖、三代目・柳家小さん師匠の芸を絶賛し「小さんの演ずる人物から、いくら小さんを隠したつて、人物は活溌溌地《かっぱつはっち》に躍動する」と評しています。つまり噺が進むうちに演者・小さんの存在が消えるのだと。以前の私には納得がいきませんでした。「演者が消えるんなら誰がやっても同じじゃないか。自分でなければ、という個性を出すべきだ」と思ったのです。けれど今は漱石の言わんとすることが腑に落ちます。落語家はお客さまに噺を楽しんでもらうために演じるのであって、個性をひけらかすためではないと。お断りしておきますが、お客さまは噺でも噺家のキャラクターでもご自由に味わってくださいね。あくまで演者の心構えのひとつの形というだけです。

高座の上では噺の世界だけが見えて、私の姿が消えることが理想ですが、なかなかうまくはいかないものです。ところがふだんの生活の中でしばしば〝自分が消える〟経験をしたことがあります。

まず見た目ですね。言うまでもなく男前ではないのですが、それだけでなくどこといって特徴のない目鼻だち。過去いちばん多く似ていると言われたのが「ウチの甥っ子」。どなたの親戚にもひとりぐらいこんな顔がいるのかな。

それから存在感の薄さ。自分でもびっくりした体験は飛行機で起こりました。席に着いて離陸、しばらくするとシートベルト着用サインが消えて機内サービスが始まります。順番に飲み物のサービスが進んで「聞かれたらコーヒーを頼もう」と思う私の横を、CAさんはスッと素通りして何事もなかったように次の順番の人に「お飲み物は何を？」と……。決して寝ていたわけではありません。どうかすると前方から順々にサービスしているCAさんと目が合った気すらしていたのに、です。しかもこれ一度きりではなく三回ほど……、見えてないのかな、私は？

　そんな目立たなさ加減に油断があったのか、過去に一度だけ本番の舞台上で寝たことがあります。さすがにひとりで演じる落語の高座ではなく、能楽のかたにお声をかけていただき、謡曲の作曲でいわゆるナレーション部分を落語の語りでという企画でした。皆さんの謡の調子は落語と違いゆったりと心地よく、つい意識が遠のき、ふと気づくと舞台は無音。私の台詞で止まっていたのです。ほんの数秒だったようですが慌てたなんてもんじゃありません。終演後、共演者には平謝りでしたが、お客さまに気づかれなかったのは〝薄さ〟が幸いしたようです。

　こんな私は存在感のある噺家になれるのかしら？

　何はともあれ『前略、高座から――。』これにてお開き。読者の皆さまに御礼申し上げます。

# あとがき

月刊誌『男の隠れ家』という雑誌で、それこそ隠れるように毎月駄文を書かせていただいておりました。噺家なんですけど人前でのおしゃべりが得手ではない私は、それ以上に文章を書くことに苦手意識を持っています。ひとさまに自分の心の内を知られるのが怖いとか恥ずかしいとか、そんな理由なんでしょうね。それでも高座にあがるのは、録音しているワケじゃないから、何か言われても「そんなこと言いましたっけ?」とシラを切れるから。連載を続けたのは「月刊誌の本職の物書きではない者が書いた雑文など、あっという間に埋もれてしまうだろう」という安心感があったがゆえ。つまりどちらも〝すぐに忘れ去られる〟と踏んでのことです。

そうやってある意味お気楽にしたためたからでしょうか、素直に書いてたなぁという印象です。肩肘張って何かを声高に主張しようなんてところがほぼ皆無、罪のない中身なのがいいですぜ、旦那。

ところがそうやってコソコソ〝書き捨て〟てきたつもりのものをまとめて一冊の本にしたいと言われたものですから、それは戸惑いました。たとえは下品ですが、人知れずしたつもりの立ち小便を撮影されて、それを世間にさらされた……というくらいのきまり悪さかな。しませんけど、立ちション。

で、それなりにあれこれ抵抗してみたものの、最終的には「まあ、いいか」ということになりました。ものごとが始まる前は心配したり、クヨクヨしたりするけれど、喉元を過ぎ去ればその熱さを忘れる早さは人並み以上、ストレスと無縁なのがとりえです。抵抗の姿勢を見せたのは早い話「自分が望んだのではなく、勧められて仕方なく」という体裁をとりたかったのか? と、自分を疑ってみたりして。

連載中も、書籍化に際しても大きなトラブルや紆余曲折なエピソードがないというのも、芸人として〝持ってない〟のかもしれません――これまで生きてきてずっとそんな感じ。

昔は「芸人としてどうなんだ……」とコンプレックスでした――が、平和であることには感謝しなくちゃいけませんね。〝持ってない〟ことは恵まれたことでもあるんだと、今は思えます。いちばんお力を貸してくださった編集担当の田村さん、たくさんたくさん絵を描いてくれた根本先生、いつも〝友達〟としても〝仲間〟としても気にかけてくれる写真の橘さん、とつぜん帯をお願いしたら快諾してくれた喬太郎師匠、かかわってくださった全ての皆さん、そしてこの本を手に取ってくださったかたに厚く御礼申し上げます。

自分の書いた文章が本になるという、ちょっと特別な体験をしても、たぶん私の日常に変化はありません。好きな落語を最高に楽しくしゃべることができたら、ごきげんに美味しいごはんを食べて寝ます。それじゃあまた。高座で会いましょう。

二〇二〇年十月　柳家三三

## 小学生と落語、そして今

小学生のころ夜ふとんの中でラジオから聴こえてくる「時そば」「王子の狐」「藪入り」「船徳」などなど自然と落語になじんでいました。先代の柳家小さん師匠の「時そば」を聴いたときには、なぜか後のまずそうなそばが食べてみたくなったことを思い出します。

そんな私もずいぶんと大人になり、この仕事で毎月、三三師匠のエッセイを読ませていただくのが楽しみでした。約6年間、本当にありがとうございました。

根本 孝

柳家三三（やなぎや・さんざ）

1974年神奈川県生まれ。落語家。1993年18歳で柳家小三治に入門。2006年真打昇進。2007年第62回文化庁芸術祭大衆芸能部門新人賞、2016年第66回文化庁芸術選奨文部科学大臣新人賞（大衆芸能部門）など受賞多数。映画・舞台への出演、映画や漫画で落語指導・監修も手がける。

【公式HP】www.yanagiya-sanza.com
【Twitter】twitter.com/sanza_335547

根本 孝（ねもと・たかし）

福島県生まれ。ポートレートアーティスト/アートディレクター/イラストレーター。広告・書籍・雑誌などでアートディレクションやイラストを手がける。東京イラストレーターズソサエティー会員。

橘 蓮二（たちばな・れんじ）

1961年生まれ。写真家。落語や演芸を中心に雑誌・書籍など多方面で活躍。落語会の演出やプロデュースも手掛ける。『喬太郎のいる場所』（CCCメディアハウス）など作品多数。

寄席文字／橘 右橘

『男の隠れ家』（発行・発売／三栄　編集／プラネットライツ）にて、2015年1月号より2020年11月号まで掲載された柳家三三連載「前略、高座から――。」を単行本化にあたり、一部改定・加筆したものです。

前略、高座から――。

2020年12月4日　初版 第1刷発行

著　　者　柳家三三
発 行 者　星野邦久
発 行 所　株式会社三栄
〒160-8461 東京都新宿区新宿6-27-30
新宿イーストサイドスクエア 7F
TEL:03-6897-4611（販売部）
TEL:048-988-6011（受注センター）
編 集 部　株式会社プラネットライツ
〒160-0002 東京都新宿区四谷坂町2-18
TEL:03-5369-8780
装　　幀　丸山雄一郎（SPICE DESIGN）
印刷製本所　図書印刷株式会社


Printed in Japan　ISBN 978-4-7796-4260-9